MODELO DE CONFIABILIDAD HO

JORGE FARÍAS ARIZPE

MODELO DE CONFIABILIDAD HO

©Jorge Farías Arizpe 2021. Todos los derechos reservados.

Corrección de estilo y cuidado editorial: Luis Gálvez; Verónica Loera Garza; Laura Estévez Blanco.

Diseño de portada: Gabriela Vallín (Amore Marketing S.A.P.I.)

Kindle Direct Publishing

ISBN: 9798524546388

Paperback edition 2021.

*A todas aquellas personas que abracen y practiquen
la disciplina de la Confiabilidad y sobre todo,
a aquellas personas que se dediquen a enseñar
y motivar a las nuevas generaciones en esta disciplina.*

La Confiabilidad llega a la mente, al corazón y al alma. A todos les conviene, es la semilla que germina y construye, en forma natural, consenso.

Sé Confiable a los demás y serás Feliz; Sé una persona en la que no confían en ti y lograrás ser un infeliz.

Sé un Proveedor Confiable, de amor, de productos y servicios útiles, a tu prójimo, hijos, padres, pareja, vecinos, amigos, clientes formales o informales y cosecharás bendiciones.

Lo que haces bien y entregas con gusto, florece.

JORGE FARÍAS

ÍNDICE

INTRODUCCIÓN XIII

PRÓLOGO XXI

CAPÍTULO I CULTURA DE CONFIABILIDAD 25
    1- DEFINICIONES SOBRE SER UNA PERSONA CONFIABLE 25
    2- CAUSAS ÉTICAS DE LA CONFIABILIDAD 27
    3- BINOMIO DE ELEMENTOS FUNDAMENTALES PARA SER CONFIABLE 32
    4- BASES ANTROPOLÓGICAS DE LA PERSONA CONFIABLE 35
    5- CONFIABILIDAD EN LA VIDA REAL 39
    6- ¿PARA QUIÉNES ERES CONFIABLE? 51
    7- ¿CUÁNDO SE PIERDE LA CONFIABILIDAD? 54
    8- ANTÍDOTOS CONTRA LA BAJA CONFIABILIDAD HUMANA 57
    9- ¿QUÉ SE REQUIERE PARA LOGRAR CONFIABILIDAD INSTITUCIONAL? 58

CAPÍTULO II MODELO DE CONFIABILIDAD HO 61
    SÍNTESIS ESQUEMÁTICA DEL MODELO DE CONFIABILIDAD HO 63
    II.1. COMPROMISO DEL NIVEL DIRECTIVO Y CONCIENTIZACIÓN 65
    II.2. EJECUCIÓN DEL MODELO DE CONFIABILIDAD 67
    II.3. ADMINISTRACIÓN DEL MODELO DE CONFIABILIDAD HO 197
    II.4. CONFLICTOS DE INTERÉS 199
    II.5. EXPLICACIONES COMPLEMENTARIAS AL MODELO 205

CAPÍTULO III FINES DE LA CONFIABILIDAD 221
    1- BIENESTAR 221
    2- BIENESTAR DE SÍ MISMO 224
    3- BIENESTAR DEL PRÓJIMO 225
    4- BINOMIO BIENESTAR-CONFIABILIDAD 225
    5- BINOMIO BIENESTAR-USO 227
    6- BINOMIO USO-CALIDAD EN LA ESTRUCTURA DEL BIEN 228
    7- BINOMIO USO-CALIDAD EN LOS PROCESOS DE ELABORACIÓN DEL BIEN ... 228
    8- BIENESTAR-CONFIABILIDAD 229

EPÍLOGO BIENESTAR, FELICIDAD Y PLENITUD 239

1- ¿A QUÉ VINISTE AL MUNDO?.. 239
2- RUTA DE CONFIABILIDAD 240
3- BIENESTAR 242
4- FELICIDAD.. 242
5- PLENITUD 243

BIBLIOGRAFÍA.. 245

JORGE FARIAS ARIZPE... 247

INTRODUCCIÓN

MI CULTURA BÁSICA

Cuando estudié el Modelo Japonés, en las disciplinas de Calidad Total, en el Management, en la década de los ochenta, trabajando en CYDSA y luego, cuando visité Japón, algo que me dejó muy impactado, fue la Confiabilidad que tienen las personas, los sistemas, métodos y procesos que manejan, con el enfoque de Calidad y los resultados que esto tiene en el performance (desempeño exitoso) de la sociedad y del país.

En la empresa CYDSA, donde trabajé por 20 años, logramos implementar una cultura de Calidad con muchas personas convencidas del *Modelo de Calidad*, con resultados extraordinarios, en términos de eficiencia, rentabilidad, satisfacción del cliente, cumplimiento de proveedores y clima laboral.

Hay una alta correlación entre un país que funciona bien y el *Modelo de Calidad* que tenga. También existe una alta correlación entre un país que funciona mal o mediocre, cuando hay una falta o una franca contradicción de lo que dice el *Modelo de Calidad*. Ese Modelo al que me refiero, puede ser explícito o implícito en la cultura del país.

Aprendí que muchas personas de todos los niveles de educación, tienen el potencial y la semilla de ser Personas

Confiables, siempre y cuando, los rodee un ambiente o entorno de Calidad; empezando por sus superiores y siguiendo con que se respire una Cultura de Calidad, de Confiabilidad humana, personal y organizacional.

Me di cuenta, que existe una correlación entre algunos principios del *Modelo de Calidad*, con algo de lo que aprendí de los Hermanos Maristas, en clases de religión Cristiana/Católica, en primaria, y de mis papás, que fue lo siguiente: *No digas mentiras porque Dios te está viendo y no te puedes esconder, por más que quieras*.

Mejor la verdad. Mejor ser Transparentes. A la larga todo, se va a saber.

En el *Modelo de Calidad* se llama Transparencia con documentación y objetividad, es decir: saber identificar *lo que es*, que es diferente de *lo que tú quieres que sea* (nota: los japoneses no son católicos ni cristianos, sólo una minoría, pero actúan en base a una tradición heredada, que es la budista).

En varias religiones se llama: Verdad y Congruencia, lo que te hará verdaderamente feliz y libre.

También, ya existen cámaras de video en las ciudades (tiendas, oficinas, lugares públicos, entre otros), entonces, técnicamente es posible que seas observado. Sé de algunos casos que, ¡ya se está intentando video grabar toda la vida de un ser humano!, desde que nace hasta que muere. Hoy la tecnología lo hace posible y recuerdo lo que me enseñaron de chiquillo: *no te puedes esconder, aunque quieras*.

Imaginen cómo serían y actuarían las personas, si estuvieran videograbados todos los momentos de su vida y se les pidiera respaldo y comprobación de lo que dijeran.

INTRODUCCIÓN

Soy ingeniero, y en clases, estudié sobre Confiabilidad en aparatos electromecánicos. Aprendí clasificarlos en función de su Confiabilidad: si fallan no son Confiables; si no fallan son Confiables. Supe en qué ciclo hay más probabilidad de un error y ante qué circunstancias. Así pude clasificar y observar resultados esperados de acuerdo a la Confiabilidad. Aplico todo el tiempo que puedo estos aprendizajes conmigo mismo, y luego, con las personas a quienes observo.

El año 2005 fue un parteaguas de acontecimientos que marcaron mi vida: los primeros días de enero, sufro de una lesión fuerte de columna vertebral; fallece mi querida mamá, el 28 de enero y mi padre en el mes de mayo; En agosto, hice un viaje inolvidable con Paty, mi hija; en octubre, fui bendecido con el encuentro de María Esther, mi esposa, que por cierto, me hizo llegar un libro de David Hawkins, antes de conocernos; y así tuve la fortuna de leer a Hawkins, en su libro, *El poder contra la fuerza*. Aquí encontré otro elemento que apunta, indiscutiblemente, al tema y al objetivo de ser una Persona de Calidad, Confiable, con enfoque hacia la Verdad, hacia la Objetividad.

David Hawkins dice que, en tu sistema celular, el cuerpo responde con salud a la Verdad y a la Congruencia, mientras que, ante la mentira, manifiesta enfermedades. Después de leer a Hawkins, encontré diversos autores de la salud, como a la prestigiosa Louise Hay, que vienen a corroborar, que la mayoría de las enfermedades se pueden prever, y que son ocasionadas por aspectos emocionales ligados a sentimientos negativos. A lo largo de mi vida, he sido testigo de ambas percepciones: qué pasa con la práctica de la Verdad y la Congruencia y qué pasa con el otro extremo: la mentira a propósito.

Me he especializado en Inteligencia Emocional: allí se muestra, de manera muy evidente, que la Verdad y la Congruencia, las comunicamos de diferentes formas y son percibidas por personas que son sensibles, y es un ingrediente fundamental para la destreza de las emociones.

PUNTOS RELEVANTES EN MI HISTORIA SOBRE LA CONFIABILIDAD

- *Modelo de Calidad* Japonés.
- Principio de religión de no mentir.
- La ingeniería de Confiabilidad.
- La capacidad humana para aprender el *Modelo de Calidad*.
- Cámaras de video que te observan.
- El cuerpo, según Hawkins, que te manifiesta la verdad y la mentira: la mentira que produce tensión, enfermedad y división, la verdad que te da soltura, unificación y equilibrio.
- La Inteligencia Emocional.

Y al final, en resumen, en todos estos enfoques, existe un elemento común: VERDAD y OBJETIVIDAD; son claves para tener una vida sana y, no sólo sana, sino eficiente, con buenos resultados, siendo útil a los demás.

OBJETIVO DEL LIBRO

Este libro es derivado del anterior, titulado: El Reto de México: Aumentar la Confiabilidad.

El objetivo es enseñar los conceptos que deben aplicarse en las empresas y organizaciones sobre el *know how* para aumentar la Confiabilidad, y mostrar el Modelo Técnico de Factores a implementar para asegurar la Confiabilidad.

Considero que este modelo es aplicable a todos los países y las personas que deseen estructurar un aseguramiento de Confiabilidad institucional.

Estoy convencido que la Confiabilidad es para beneficio de cada una de las personas que practican esta disciplina, y que se extiende de manera automática a sus familias, a las empresas e instituciones. De Igual forma, se propicia una vertebración social para el beneficio de todo un país y del mundo.

SEAMOS MÁS CONFIABLES PARA LOS DEMÁS.

NOS CONVIENE.

PRÓLOGO

La intención que tengo en este libro es la de generar una especialidad de CONFIABILIDAD en nuestro medio, de tal manera que podamos desarrollar expertos en Confiabilidad que ayuden a empresas, instituciones y familias a practicar ese bonito arte o deporte para beneficio común.

La complejidad de los productos y servicios que consumimos requieren de una dedicación especial al aseguramiento de que sean Confiables por todos los puntos de vista.

1. El punto de vista de su Uso y su apego, adaptación al uso que se le dé a ese producto o servicio.

   Es diferente un auto para carretera que para calles angostas, para camino sinuoso, para carga de material o para pasajeros.

   Así es con cada producto que adquirimos y luego lo personalizamos a nuestras necesidades. Con conciencia de Confiabilidad y con ayuda experta en Confiabilidad, haremos un uso apropiado, eficiente y seguro, y por lo mismo, satisfactorio, en sentir esa personalización del producto o servicio.

2. El punto de vista de su Estructura ¿está hecho para durar, para aguantar, de uso rudo o está hecho para servir temporalmente?

Gran diferencia. Claro, depende del uso que se le dé. Por eso, primero, hay que profundizar en esta especialidad de CONFIABILIDAD, en el uso que tendrá, para juzgar entonces su estructura.

3. El punto de vista de su Diseño en cuanto a estética. Otra vez depende de su uso, pero en particular, a quién va dirigido y los patrones de gusto, moda y costumbres de quienes van a usar ese producto o servicio

    Es importante notar que cada vez más el producto lleva ligado servicio. Cada vez más el producto involucra servicio, desde la manera de entregarlo, la manera de darle continuidad y mantenimiento, y la manera de descontinuar su uso. Y en el futuro, se ve que cada vez más habrá más personalización del producto y del servicio.

    Esto de la personalización, significa, de manera natural, una democratización técnicamente soportada, trabajando muchos proveedores en el servicio a los demás.

4. El punto de vista de los Procesos usados para elaborar el producto o servicio, ¿son procesos robustos, eficientes para disminuir el costo y el precio para los clientes? ¿Son procesos confiables en cuanto a que aseguran que haya control de calidad para evitar defectos y fallas? ¿Los ejecutan gente bien entrenada y clasificada y reconocida por su buen desempeño?

5. Desde el punto de vista de Gente, existe una gran diferencia entre gente improvisada trabajando y gente concentrada, comprometida y con vocación por lo que

hacen. Este es el llamado lado humano de la empresa, del negocio.

6. El punto de vista en las Tecnologías de Información, los sistemas automatizados, digitalizados, al servicio del cliente y del usuario. Ahora es posible la personalización de las necesidades, gustos y deseos, gracias a esa capacidad enorme de manejar datos e información masiva de clientes y de alternativas de opción.

La personalización sólo se puede conseguir con esa capacidad para manejar datos e información que tiene la tecnología de información digitalizada y operada electrónicamente.

Los resultados no son automáticos, porque yo digo y así lo quiero, sino que los resultados provienen de un equipo de gente con voluntades y talentos que determinan si el resultado es de alto nivel de Confiabilidad, medio nivel o deficiente nivel de Confiabilidad en cuanto a los seis puntos de vista mencionados en este prólogo: *Uso, Estructura, Diseño, Procesos, Gente* y *Tecnología de Información.*

En este libro podrás observar y asimilar ideas para tu propio desarrollo de la Confiabilidad y también para aplicarlo a empresas, organizaciones e instituciones, donde un grupo de personas trabajan colaborativamente y alineados al servicio Confiable al cliente.

CAPÍTULO I
CULTURA DE CONFIABILIDAD

1- DEFINICIONES SOBRE SER UNA PERSONA CONFIABLE

Confiable viene de fiable, QUE INSPIRA CONFIANZA, SEGURIDAD, DIGNO DE FE Y CREDIBILIDAD.

Fiable es aquel que brinda seguridad, ofrece garantías o resulta Confiable en sus acciones y en su hablar.

Se refiere al impacto de sí mismo en los demás. Que te perciban como una persona Confiable o fiable: digna de fiar.

¿Podrías ser digna de fiar si le dices todo lo que le gusta oír al otro?, ¿o sólo podrías ser digna de fiar si hablas con verdad y objetividad, no por conveniencias personales para sacar alguna ventaja a cambio para ti?

¿Es porque la persona digna de fiar tiene reglas a seguir fundamentales?, ¿las conoce, las sigue y ya es suficiente?, ¿o es porque, sin reglas, actúa de buena fe, imparcial y con sabiduría, acertando en sus recomendaciones y decidiendo exitosamente, demostrando que sus decisiones dieron buenos resultados?

La respuesta es, que para ser digno de confianza y tener credibilidad, hay que desempeñarse bien en los dos casos, siguiendo buenas reglas; o cuando no hay reglas, o no son buenas, decidir atinadamente, sin ellas.

Es prácticamente imposible poder hacerlo en todos los campos del conocimiento y en todas las especialidades del mundo.

Por eso, casi siempre se reconoce la Confiabilidad referida a un campo del conocimiento, a un campo de juego, a una especialidad, a un oficio. Excepcionalmente hay personas Confiables en muchos campos u oficios.

3 Tipos de relación humana:

1. Relación familiar en asuntos de padres/hijos: familia.
2. Relación entre adultos sin compromisos de compartir bienes o tareas.
3. Relación entre adultos intercambiando recursos, tareas, bienes.

El Modelo de Confiabilidad, se enfocará más al Tipo 3 de Relación humana, entre adultos.

Hablando de elementos materiales, un equipo, máquina o herramientas, es importante definir su Confiabilidad y, según la Real Academia Española, Confiabilidad, es simplemente que algo funcione bien. Esta esencia se refiere, principalmente, a la parte de la ecuación de Alta Probabilidad de Buen Funcionamiento, que trataré enseguida.

ALTA PROBABILIDAD DE BUEN FUNCIONAMIENTO.

Imaginen lo importante que es, que un avión, sea Confiable. Hay vidas de por medio. Baja Confiabilidad, ocasiona muertes de seres humanos. El piloto debe ser muy Confiable.

Mucho más la Presidencia de un País, el Ministro de Defensa, el Ministro de Hacienda, el Director General de empresas de alimentos, de transporte, etc.

En el mundo de las personas que desempeñan un rol, una actividad que tenga resultados, podemos decir, si la persona funciona bien en su rol, pues es muy probable que su lugar donde se desempeña, su organización, institución o empresa donde se encuentra, también sea Confiable. Entre más autoridad tenga esa persona, más impacto tiene en su organización. Buen desempeño, generalmente, significa buena Confiabilidad.

Las empresas, organizaciones y negocios que funcionan bien, es porque sus recursos humanos son adecuadamente competentes en el oficio que desempeña.

2- CAUSAS ÉTICAS DE LA CONFIABILIDAD

LA MOTIVACIÓN PERSONAL POR LA VERDAD

Hay un chip interior, como dice David Hawkins, que se encuentra en nuestra naturaleza humana, donde radica la conexión entre nuestras células que, a la hora de estar conectadas y formar parte de nuestros músculos y órganos, entonces, se dan cuenta cuando hay inconsistencias entre nuestra intención, nuestras creencias, nuestras palabras, nuestras decisiones, acciones y, cuando hay francas incongruencias entre lo que se dice y lo que se hace, hay una alerta clara, interna, de desequilibrio, que se nota muscularmente, celularmente, orgánicamente, que se puede medir con detección de impulsos eléctricos y de tensionamiento muscular *micropercibido* y, sobre todo, que se nota a nivel de las actitudes, miedos, motivaciones y el comportamiento corporal de la persona.

Entonces, la verdad no es algo que se puede modular a capricho, no es algo intangible que queda al margen de lo tangible, sino que es un intangible que se transforma en algo evidente y notorio por los demás y por ti mismo, si te ocupas en eso, si te concentras en este proceso y en tu interior. Los demás, tarde o temprano se dan cuenta.

Ese intangible, que se transforma en algo tangible, es cuando de un pensamiento y de una intención (intangibles), se produce una hormona, que es una substancia química (tangible) y recorre todo tu cuerpo a través de la sangre y de todas tus células. Además, hay unos impulsos eléctricos que recorren tu sistema nervioso. Por ejemplo: si tienes un tipo de pensamiento, se produce la substancia DOPAMINA, pero si tienes un pensamiento e intención distinto, produces una substancia muy distinta llamada SEROTONINA. Y lo que es más importante, la dopamina produce unos efectos muy distintos y, a veces, opuestos a los efectos, que produce la serotonina. Es decir, tu cuerpo nota la diferencia. La dopamina puede afectar negativamente a tus células, y la serotonina, actúa positivamente. Una posible consecuencia es malestar y otra posible consecuencia puede ser energizante. Además, importa la acumulación. Me refiero a que el malestar acumulado se convierte en enfermedad; el bienestar acumulado, se convierte en salud.

La tesis de Hawkins y muchos estudiosos del comportamiento humano, es: *si reincides en la mentira, tarde o temprano el desequilibrio causado enferma y es acumulativo*, como no dormir a gusto, es un síntoma de un malestar interior. Por lo tanto, bajo esta concepción, bajo esta perspectiva, ser *gandalla*, tarde o temprano duele o enferma.

Con todo y estas realidades de conexiones internas celulares, que detectan la verdad, o la mentira y la incongruencia, de todas maneras, existe el juego de las preferencias personales y la voluntad, en donde cada persona se juega la verdad, a cada momento, cada evento.

Hay 2 Niveles de acción personal con relación a la verdad:

1. La motivación por la verdad, o sea, la búsqueda voluntaria de la verdad, por el placer y reto de su contenido y lo atractivo de la curiosidad objetiva, que va descubriendo más y más o, que bien, va confirmando hipótesis formuladas.

2. La motivación por el provecho personal (*gandalla*), me refiero a los que ignoran o menosprecian la verdad y a las conexiones celulares internas, para salir con una narrativa distinta a la verdad; es decir, con una verdad incompleta, que favorece a los intereses personales y que brinda el orgullo de una satisfacción momentánea, por esa capacidad de conseguir el provecho o gusto personal.

El Nivel 1 propicia la Confiabilidad y el Nivel 2 propicia la No Confiabilidad.

En el Nivel 1, puedes percibir que tu deseo es uno y la realidad es otra. Una cosa es *lo que tú ves*; otra, es *lo que otros ven*; y otra, distinta, es *lo que puede ser la realidad*. Eso es la búsqueda de la verdad y el consenso.

En el Nivel 2, tu deseo es uno y *lo que ves*, que *es la realidad*, es *eso mismo*. Lo que quieres ver, es lo mismo que, según tú, es la realidad, y no es así. La realidad la confundes con *lo que tú quieres que sea*.

La honestidad es la cualidad humana que aprecia y se apega más a la verdad.

LA PERSPECTIVA DEL PRÓJIMO

Una de las verdaderas causas de fondo, de no ser una persona Confiable, es, la perspectiva que tiene la persona sobre su prójimo, lo que las otras personas son para él.

Esta causa, es una creencia interna que condiciona las actitudes que tienes respecto de ti mismo y de los demás. Primero, es la creencia profunda y de allí, como consecuencia, le siguen las actitudes, después las decisiones y tus acciones.

La persona No Confiable, está convencida, que los demás deben ser Confiables para con él, no él mismo para con los demás, ¿por qué?

Porque los perciben como súbditos, como sirvientes, como inferiores, eso es lo que reflejan cuando quieren imponer, cuando quieren que les sean incondicionales, con obediencia ciega. Dejan ver claramente que, para ellos, los demás son inferiores, les deben obedecer, ser leales y Confiables porque tiene cierto poder sobre ellos.

Si perciben al prójimo como adversario o enemigo que hay que controlar, minimizar o eliminar, causan el efecto de no ser Confiables (al menos con los que califican de enemigos).

Resulta que, con esa Perspectiva del Prójimo, visto como súbdito o adversario, automáticamente se ve *la paja en el ojo ajeno y no se ve la viga en el propio*. No puedes ser Confiable a los demás cuando los criticas, mientras que tú haces lo mismo o peor.

La consecuencia automática de esta perspectiva es que NO SON CONFIABLES. Si actúan con esa premisa, los resultados de interrelación humana no pueden ser sanos, ni tolerables, ni sustentables.

La evidencia de no ser Confiable es la traición al otro.

Si para ti, los demás son tus sirvientes o adversarios, no eres Confiable.

Si los ves como enemigos o adversarios, vas a pensar que lo que te dicen no es cierto, y tú tampoco vas a actuar con verdad con ellos.

Si los ves como súbditos, tú tienes más derechos que ellos y ellos no tienen por qué reclamar.

Si los ves como inferiores, tú decides qué hacer y qué no hacer, porque ellos no están en tu nivel de juicio y si ellos decidieran, se equivocarían.

En conclusión, tú no les confías y quieres que ellos confíen en ti. Es un contrasentido que la naturaleza humana se encargará de desmentir, porque tu perspectiva del prójimo es una falsedad. La naturaleza humana es muy sabia y terminará, tarde o temprano, desmintiéndote por tu grave error de percepción, de perspectiva, y no será por la vía amable, sino por la vía de consecuencias sentidas fuertemente.

No es cuestión de ideología. Hitler y Stalin, con ideologías opuestas llegaron al mismo fin: la destrucción de los demás, primero de su prójimo, después, su autodestrucción. Ambos personajes mueren violenta y controvertidamente. Con sus pensamientos y deseos, mueren en condiciones de penuria y estrés, después de haber ocasionado la muerte de tantas personas.

3- BINOMIO DE ELEMENTOS FUNDAMENTALES PARA SER CONFIABLE

Según campo de actividad:

1. Ser Ético.
2. Ser Competente.

Según relación con otros:

1. Conocer y sentir la verdad, (o lo que más se le aproxime a la verdad) y actuar conforme a ella.
2. Tratar a los demás con esa verdad (no sólo de conocimiento de las cosas, sino conocimiento de las personas; o sea, conocer y sentir la parte emocional de las personas). Ser Confiable a ellos. No traicionar.

Según cualidades internas personales:

1. Ser justos.
2. Tener sabiduría.

En otras palabras:

1. No ser egoísta.
2. No ser ignorante.

En la perspectiva del otro:

1. Serle Confiable es no traicionarlo nunca.
2. Serle Confiable es ser Creíble, en apoyarlo en base a lo que puedes y le manifiestas con honestidad y ética.

Cuando tu prójimo depende de ti (hijos, cónyuge, trabajadores a tu servicio, familiares) la Confiabilidad cobra otro sentido, que es NO FALLARLES. Muchas veces es poner su bienestar por encima del tuyo.

Aclaro, no es tan fácil. No basta con ser bueno en la dimensión bondad, ni basta con ser bueno en la dimensión competente, en tu campo. Además, se requiere ser Creíble, que eso depende de terceros y no sólo de ti mismo. ¿Cómo te perciben los demás? Ser, y que sienta el otro que le eres Confiable. Para eso, primero necesitas confiar en ti, que eres Confiable. Tu convencimiento se nota en tu lenguaje corporal.

Dicho en otras palabras, una persona Confiable, se gana su adjetivo Confiable, cuando se mueve dentro del marco de ser honorable y ético; o sea, manejarse con la verdad y, además, ser competente en el asunto de que se trata, porque es una persona experimentada, preparada para enfrentar y salir bien de la adversidad que presenta su oficio y, además, si también logra resultados excepcionales que se le presenten en casos no típicos.

Existen 4 elementos de la cadena de Confiabilidad, que son: Ética, Inteligencia, Preparación continua, muchas Horas de Vuelo en el campo o tema de que se trate, con buenos resultados, empezando de Principiante; luego, Intermedio; luego, Avanzado; y finalmente, Experto y Maestro. Inteligencia, Preparación continua y muchas Horas de vuelo, generan una competencia o una suma de competencias de una actividad o un oficio.

Hay sociedades y culturas que estimulan mucho estos 4 Elementos y se vuelven exitosas. Por el contrario, hay comunidades o culturas que desprecian estos Elementos de la cadena y la sociedad se convierte en una desgracia.

Para ser Confiable, de manera completa, se requiere tener carácter para poder caminar esa ruta de conjugar Ética, Inteligencia, Preparación y muchas Horas de vuelo, con buen desempeño en el oficio o actividad que se practica. Significa también tener la paciencia y la resistencia; es decir: la

Inteligencia Emocional para empezar de Principiante, seguir a Intermedio, Avanzado, Experto y Maestro. Además de carácter se requiere vocación. Ahora se ha dicho que también se tenga pasión. Bueno, pues si estás en el camino correcto y enciendes la velocidad que te da la pasión, pues es muy loable, pero cuidado de hacer caso ciego a la pasión, porque a veces, te desequilibra y te aleja del camino Confiable y seguro.

El que es honesto, no se mete a realizar lo que no sabe hacer, o bien, lo realiza manifestando claramente a los demás su alcance, no opina de lo que no sabe, o bien, si no sabe a ciencia cierta, formula una hipótesis sujeta a ser comprobada y así lo manifiesta.

El que es honesto, necesariamente, investiga cuando no sabe y es algo de su incumbencia y, sobre todo, en lo que tiene responsabilidad.

La ignorancia es causante de muchas fallas de Confiabilidad. Existen muchas personas que se creen honestas porque no roban, pero rechazan la ciencia, la investigación y la comprobación y, en el fondo, se puede decir que estas personas no son honestas.

HONESTIDAD Y COMPETENCIA SON INDISPENSABLES PARA LOGRAR CONFIABILIDAD

La deshonestidad es causa suficiente de la No Confiabilidad; el deshonesto resulta siempre No Confiable.

Respecto al elemento Competencia, los componentes claves son: Inteligencia Racional aplicada en el oficio, Preparación; Horas de Vuelo en el oficio y Buen desempeño; para poder desarrollarlos, se requiere de formación de carácter para transformarse a sí mismo, enfrentando la adversidad.

Carácter, Vocación, y los 4 Elementos de la cadena de Confiabilidad (Ética, Inteligencia aplicada a tu oficio, Preparación y Horas de Vuelo), son claves para producir Alta Confiabilidad. En el presente Capítulo profundizaremos en estos factores humanos.

Químicamente hablando, cuando se mezclan dos substancias en una adecuada proporción, resulta un compuesto que da origen a una tercera substancia, con propiedades únicas y distintas a las que poseen las substancias originales. Ejemplo: mezclas oxígeno e hidrógeno con cierta proporción y obtienes agua, que por sí misma, es una substancia inmensamente útil. Así hay que ver la Confiabilidad: se combinan humanamente la substancia HONESTIDAD, con la substancia COMPETENCIA y genera una tercera substancia: CONFIABILIDAD, que por sí misma, tiene consistencia y estructura, se puede manejar, medir y desarrollar. Así vamos a enfocar la Confiabilidad en este libro.

4- BASES ANTROPOLÓGICAS DE LA PERSONA CONFIABLE

1. (+) La vida hay que hacerla prevalecer sobre la muerte (+);

pero:

2. (-) El hambre y la pobreza producen la muerte (-);

sin embargo:

3. (+) La alimentación y la salud te dan vida, solucionan el problema de la muerte (+);

no obstante:

4. La alimentación y la salud cuestan y requieren de remuneración o patrimonio económico, empezando por tener para comer;

entonces:

5. (+) La remuneración y el patrimonio económico, los debes usar para la salud y para solucionar el problema del hambre y la pobreza (+);

pero podrías usarlos mal:

6. (-) La remuneración y el patrimonio económico, los podrías usar para satisfactores aparentemente humanos, contrarios a la salud y te produce enfermedad o muerte anticipada (-);

y tienes 2 opciones:

6.1. (+) La remuneración y el patrimonio económico, lo obtienes por el trabajo lícito (+);

6.2. (-) La remuneración y el patrimonio económico, lo obtienes del robo (-).

Cualquier animal domina instintivamente el Factor 1, sabe del Factor 2, domina intuitivamente el 3 y domina el 4 y el 5. Con esos 5 Factores, automáticamente busca la comida para subsistir, pero el último Factor, ya no puede considerarlo, siquiera. El humano sí. El animal no es Confiable, ni honorable, es automático e inconsciente. El humano sí es Confiable o No Confiable. El humano tiene una voluntad y un carácter que no tienen los animales, para discernir el fin y los medios, a la luz de una sociedad más compleja y elevada.

Para ser una persona Confiable, necesitas lograr la cadena de los 4 Factores en positivo (+).

El primer Factor de la lista anterior, se convierte en el fin de la Confiabilidad, que es la vida sobre la muerte, el bienestar y el progreso (que el bienestar sea lo más sustentable posible).

Me refiero a que, para ser una persona Confiable, necesitas ser compatible con un Propósito de Vida (tu FIN), el Factor 1, pero no es suficiente, sino que, además, necesitas usar los medios adecuados para llegar a ese fin (tus CÓMOS), los 3 Factores siguientes. Este proceso te identifica y los demás lo notan.

No es gratis, la Confiabilidad requiere de esfuerzo, de lucha contra la inercia y contra el confort.

Los pensamientos en positivo (+) pertenecen a pensamientos orientados para la vida.

El Trabajo lícito (6.1 en positivo) indispensablemente, produce un servicio a los demás, al bien común, puesto que la remuneración que obtienes, proviene de un desembolso que hacen los demás hacia ti, por algún servicio que tú entregaste a alguien.

Esta es la cadena básica para producir Confiabilidad. A esta cadena, le iremos agregando, en lo consecutivo, eslabones para asegurar la Confiabilidad con otros elementos complementarios del *Modelo de Calidad*, para tener un *Modelo de Confiabilidad*.

Para conseguir ser Confiable a los demás, se necesita demostrar consistencia, es decir, mostrar muchas veces que tus decisiones y actos son Confiables.

Trabajo lícito siempre, remuneración y patrimonio bien gastado y bien invertido sistemáticamente, teniendo buenos resultados en todo momento y, cuando no, corrigiendo siempre, creciendo en talento y en responsabilidad.

Los desaciertos se deben manejar en forma apegada a la objetividad y a la lucha por la corrección humana. Nadie está obligado a lo que es imposible, pero la persona que es Confiable siempre estará dispuesta a corregir, cuando sea necesario, para poder seguir acertando a futuro y evitando fallas o errores substanciales.

La persona Confiable identifica fallas y las corrige. Sabe objetivamente que el orden y la Confiabilidad, cuestan.

Más adelante, en el *Modelo de Confiabilidad*, veremos que hay fallas incidentales y fallas accidentales. Las incidentales no terminan en accidente, porque preceden y predicen el accidente, pero no ocurre.

La Confiabilidad se gana después de mucho, después de una lucha continua, después de muchos aciertos que generan una tendencia, sin embargo, la Confiabilidad se puede perder muy rápido, con uno o varios accidentes.

No puedes ser una persona Confiable, si incurres en alguno de los factores en negativo (-). Y menos Confiable, eres si son recurrentes o continuos.

La Confiabilidad tiene que ver con los fines que persigues, deben ser Confiables, pero no es suficiente, sino que los medios que utilizas también deben ser Confiables. En el *Capítulo III*, veremos los *Fines de la Confiabilidad*.

PUNTOS RELEVANTES PARA RECORDAR:

- Perseguir la vida y el bienestar sustentable.
- La salud, para poder preservar la vida, cuesta.

- La Remuneración y el Patrimonio económico, no son garantía absoluta para conseguir la salud, depende de cómo los uses.

- Por lo tanto, la Remuneración y el Patrimonio económico, no son garantía de darte Confiabilidad.

- La cadena para producir muerte o enfermedad es muy fácil de realizar, es naturalmente atractivo, o sea, con cualquier descuido que tengas, caes en alguno de los 3 Factores en negativo (-).

- Para ser una Persona Confiable, necesitas eslabonar los 4 Factores en positivo (+) y evitar los negativos (-), lo que implica, que seas muy capaz, tanto en tu honestidad como en tu competencia.

5- CONFIABILIDAD EN LA VIDA REAL

CAMPOS DE ACCIÓN Y DE DECISIÓN

La vida real presenta diferentes Campos de Especialización. Es imposible que una persona, durante su tiempo de vida, alcance a dominar todos los Campos que ofrece nuestro mundo. Algunos de estos Campos son: la humanidad, los animales, las plantas, la tierra, las montañas, los océanos, el firmamento, las estrellas, las cosas materiales, equipos, herramientas, casas y demás bienes que se han conseguido crear con la ciencia y la tecnología.

Las personas, las universidades, la ciencia, la tecnología y las asociaciones, que se dedican a estos Campos, han ido documentando y clasificando las diferentes especialidades y temas del conocimiento y dejan memoria escrita sobre esos conocimientos.

No sólo hay Campos de conocimiento que se estudian en las universidades y las ciencias. Hay Campos de especialidad en el quehacer de las artes, el deporte, las artesanías, los oficios en el mundo de la vida en general, en el mundo de la distracción y el entretenimiento, que demandan ser Confiable. El oficio de ser padre o madre, ser ciudadano o ser ama de casa, revisten una importancia fundamental en la vida y requieren de gente Confiable que los desempeñe. Aquí también aplica que, para ser Confiable, se requiere del binomio: Ética y Competencia en el Oficio. Es todo un reto ser Confiable.

En todos estos innumerables oficios, existen prácticas incorrectas por faltas de ética o de competencia, y existen, también, sus diferentes grados de correcto desempeño en Confiabilidad, de acuerdo a las capacidades éticas y capacidades de habilidades y competencias. En todos estos innumerables oficios, no existe techo como para decir: *ya no existe mejor manera de realizarlo*, sino que siempre se podrá hacerlo mejor. La total perfección es muy difícil y sólo puede llegarse en un determinado tiempo finito, de acuerdo a ciertas normas preestablecidas, pues con el tiempo, todo cambia, todo es dinámico y, como también cambian las circunstancias, cambian las maneras de ejecutar los oficios. Es como la ejecución de un baile, un concierto, un juego deportivo, una realización de un producto o de un servicio.

Existen 2 Capas de Profundidad en el manejo de diagnósticos, soluciones y decisiones en cada uno de estos innumerables oficios:

1. Capa más superficial, es donde el dominio es por sentido común y breve explicación y exposición

(Campo de Acción Común: CAC), donde cada persona adulta, puede actuar sin requerir especialización ni certificación de sus habilidades y conocimientos. Generalmente, las consecuencias por no saber, en este caso, sólo afectan a sí mismo o a su círculo muy cercano. Pertenecen al mundo familiar.

2. Capa más profunda de asuntos, problemas con más complejidad, que demandan de un dominio especializado (Campo de Acción Especializada: CAE), que requiere de una capacidad, preparación, involucramiento en una especialización de la vida y su naturaleza que no todo mundo domina, que requiere dedicar tiempo de estudio y profundización, teniendo inteligencia y dedicación.

Un ejemplo que distingue estas 2 Capas es decidir qué comer: ¿huevo, frijoles, chicharrón o todo?; estando sano, esa decisión es un CAC. Pero: decidir qué comer: huevo, frijoles o ambos, estando enfermo de infección intestinal grave, se convierte en CAE.

Escoger donde sentarse dentro de un avión comercial, es CAC; pero sentarse en el asiento del piloto y operar el avión es un CAE. Volar como pasajero requiere de cierta capacidad (CAC); pero volar como piloto, requiere otra muy distinta (CAE).

Entonces, hablando de Ser una Persona Confiable, es muy importante separar estas 2 Capas de diferente profundidad, lo más nítidamente posible y decirse, primero, a sí mismo:

1. ¿Domino el asunto o no lo domino? ¿Es CAC o es CAE?
2. ¿La decisión es sólo para mí y sólo yo soy afectado, o se afectan otras personas, aparte de mí?

3. ¿Las consecuencias de la decisión que se tome, son graves o triviales?

Contestando honestamente estas 3 preguntas, es como se empieza a tejer los primeros eslabones de la cadena que produce Confiabilidad y, haciéndolo saber a los demás, ellos son los que determinan el grado de tu Credibilidad, ellos te Creen y Confían, o no lo hacen.

Lo que verdaderamente es, *lo que tú crees que es*, *lo que los otros creen que es,* y con base en eso, consensar si eres creíble o no, según los demás.

Vamos a profundizar, en seguida, en Cómo Ser Más Confiable, en el Mundo de la Especialización más profunda: CAE. En el Campo donde hay más dudas, porque es un Campo más complejo.

- ¿Qué hacer, cuando hay personas que saben más que tú del tema?
    - *Pedirles permiso y colaboración para que tú aprendas.*
- ¿Qué hacer, cuando nosotros sabemos más que los otros, en el tema en cuestión?
    - *Pedirles permiso mediante el convencimiento, de que usen tu diagnóstico o tu solución, según sea el caso, y comprobarlos honesta y éticamente.*
- ¿Qué hacer cuando todos desconocemos del tema?
    - *Partir de la verdad y solicitar tiempo y recursos para conocer la verdad.*

FASES DE DOMINIO, O PROFUNDIDAD, O DE GRADO DE ESPECIALIZACIÓN EN EL OFICIO, DENTRO DE LO QUE

ES CAE (CAMPO DE ACCIÓN ESPECIALIZADO)

En cada uno de estos innumerables Oficios o Campos de Especialización, encuentro al menos 4 grandes Fases para profundizar en ellos:

Fase 1: *Principiantes*. Los aspectos más comunes y generales del Oficio, con sus correspondientes reglas y recetas de solución.

Primero, ser competente en dominar el Campo estructurado más conocido y estudiado, conocer sus reglas básicas, ser obediente y apegado a ellas, me refiero a tener reglas con fundamentos, respetar y seguir esas reglas correctas y probadas.

Tener Conocimiento y experiencia en saber lo fundamental (Tener Competencia básica: aquí se encuentran los principiantes).

Fase 2: *Intermedios*. Generalmente, en todos los Oficios, hay retos mayores que no todo mundo los puede ejecutar, sólo unos cuantos pueden hacerlo en la siguiente Capa de profundidad o de especialización, debido a sus dones internos, a las habilidades que ha desarrollado, poco a poco, o a las habilidades que ha conseguido, a través de un fuerte entrenamiento.

Fase 3: *Avanzados*. En esta Fase, se consolida una capacidad mayor de dominio, desarrollo y práctica, de tal manera, que se puede realizar una ejecución más consistente. Mayor profundidad y diversidad de soluciones, con una mayor cantidad disponible de armas y recursos para enfrentar los retos del Oficio. Generalmente, en esta etapa, ya se puede empezar a co-crear soluciones diferentes y novedosas, que mejoren el conocimiento y/o la práctica del Oficio.

Fase 4: *Expertos y Maestros*. En esta Fase se conjuntan grandes capacidades y habilidades obtenidas con muchas Horas de Vuelo de práctica, con un buen número de resultados acertados y, además, agregando soluciones nuevas, co-creadas por él, que enriquecen el Oficio.

Claro está que puede haber subgrados dentro de cada fase, dependiendo de la complejidad del oficio y de los riesgos inherentes para desempeñarlo. Principiantes A, B y C, por ejemplo.

Existen una gran variedad de trabajos o aplicaciones de cada oficio, desde los que no presentan más que riesgos muy bajos, con poca complejidad para desempeñarlos, hasta los que presentan riesgos muy altos y con mucha complejidad para desempeñarlos. Por ejemplo, conducir en automóvil encierra riesgos muy diversos, hacerlo en zonas deshabitadas y bien acondicionadas para prácticas de manejo, conlleva bajo riesgo; en cambio, conducir en pistas, en carrera de Fórmula 1, con autos de mucho valor y de mucho peligro, o conducir camiones con material explosivo, conlleva alto riesgo del bien propio y el de otras personas.

Lo importante ahora, para manejar correctamente tu Confiabilidad, es hacer un *matching;* o sea, una *conjugación*, una *comparación,* entre tus capacidades y competencias, y las competencias que demanda el proyecto o trabajo que se trata, en términos de complejidad y riesgo.

En otros casos, para conducir un vehículo de pasajeros, no se necesitan las mismas competencias de conducir un auto Fórmula 1, pero sí se requiere la ética y honestidad completa, sí se requiere conducir autos con certificación/credencial de chofer para llevar pasajeros. Entonces, la Confiabilidad debe medirse en ese trabajo, en esas circunstancias sobre las que se diseñó el campo de juego. Competencias adecuadas al trabajo o proyecto, ética y honestidad completa, con la visión de medir resultados para ir haciendo la historia de Confiabilidad, según los hechos.

La actitud que tengas en cada Fase de avance, es muy importante para tu credibilidad. En otras palabras, la percepción que tienen los demás, de tu Confiabilidad, es tu credibilidad frente a los demás.

Lo ideal es tener una actitud correcta de acuerdo a la Fase en la que te encuentras, en cuanto a expresar lo que verdaderamente eres capaz de hacer. Esto es ser auténtico, es decir tus capacidades en cuanto a identificar y resolver problemas, dar soluciones acertadas, tomar decisiones apropiadas y rendir cuentas de tus resultados honestamente; en definitiva, poder hacer un análisis objetivo, entre lo logrado y lo faltante, lo logrado y la meta acordada.

Si con tu actitud, exageras tu capacidad de lo que verdaderamente eres capaz, y no consigues los resultados esperados, pagas un precio: pierdes credibilidad.

Si con tu actitud, menosprecias tus propias capacidades, y por miedo, no avanzas, porque te menosprecias, pagas un precio: no podrás aspirar a que tengas alta credibilidad en ese oficio.

En resumen, ser ético y honesto al hablar de ti mismo, dispuesto a comprobar lo que dices de ti. Este es el primer paso de la Confiabilidad. Ser honesto contigo mismo y expresar a los demás lo que verdaderamente es cierto, y lo puedes demostrar con el gusto de hacerlo.

Vamos a aclarar la diferencia entre Confiablidad y Performance o Desempeño.

- Confiabilidad, es ser competente en lo que dices, ético en tus resultados y en tu vida personal.

- Performance o Desempeño, es realizar el trabajo tal cual, sin considerar las verdades inherentes sobre tu actitud y lado humano; o sea, no se toma en cuenta tu integridad, tu vida personal, tu ética.

La tesis de este libro es, que tarde o temprano, la Ética personal, afecta también los resultados tangibles del desempeño; esto es, la vida personal, afecta la Confiabilidad e influye sobre la vida profesional.

Un ejemplo reciente y mundial es Tiger Woods, golfista de fama mundial, que por razones éticas en asuntos fuera de su oficio, perdió algunos contratos con sus patrocinadores, que después, le afectó también en su juego profesional, bajando su rendimiento.

Dicho en otras palabras, se vale, al acordar resultados esperados sobre el desempeño, incluir o no, aspectos de Ética y Honestidad, junto con aspectos de performance técnico en el oficio. Algunos patrocinadores de Tiger Woods sí lo incluyeron y otros no.

En este libro sostenemos la tesis de que al menos, debe considerarse en el desempeño, aspectos de Ética y Honestidad que tengan que ver con la ejecución del oficio; no falsear nada en su rendición de cuentas. Es recomendable que, aquellos aspectos de Ética que son de vida personal, que salgan a la luz pública y que impactan a la empresa, también sean considerados y ameriten sanción.

DIFERENCIA ENTRE CONFIABILIDAD Y RESULTADOS

Confiabilidad es tener Resultados buenos, acertados, la mayor proporción de las veces.

Los Resultados obtenidos pueden ser deficientes, regulares o buenos.

Esta objetividad sobre los resultados obtenidos es básica para entender y adoptar la cultura de SER UNA PERSONA CONFIABLE, es decir, para poder comprender y aplicar los sistemas y criterios que se plantean en este libro, para desarrollar Confiabilidad, especialmente, cuando emprendamos la implementación del *Modelo de Confiabilidad*.

SITUACIONES PRECISAS O DE MARGEN

En la vida real, hay situaciones precisas, donde sólo hay una respuesta concreta, discreta: *SÍ* o *NO*, punto.

- En situaciones precisas: estás o no embarazada, punto; no hay intermedios. Estás o no enfermo de alguna enfermedad. Estuviste en *x* lugar en este momento o no. Tomaste o no tomaste el objeto a *x* hora, en *x* día. Cuando ocurre que llegues a *x* velocidad y con *x* avión, con *x* condiciones de temperatura, humedad y viento, el avión despega o no despega, al tiro correcto del mando. La pelota está dentro del campo de juego o fuera, punto.

- ¿Lo que exactamente ofreciste lo cumpliste? Este es el factor universal de Confiabilidad en el Mundo de Situaciones Precisas.

- En el caso de los músicos, la Confiabilidad se puede medir para acertar la nota, el *timing* preciso, el ritmo, la intensidad del sonido, la armonía y la integración con los demás sonidos.

SÍ o *NO,* y punto. Si la respuesta es NO, ahora sigue la pregunta: ¿cuánto *SÍ* cumpliste del 100% y cuánto *NO* lo cumpliste?

Es importante tu percepción, y más importante, es la percepción de los demás involucrados y afectados.

En situaciones precisas, la Confiabilidad se mide por ser acertado, que significa, que lo que dices, se apega a la verdad, se apega a la objetividad y se puede comprobar. En estos casos de Situaciones Precisas, hay 3 opciones:

1. Aseverar contundentemente, comprobarlo y acertar de acuerdo a la verdad.

2. Aseverar y equivocarte en lo que aseveras, de acuerdo a la verdad, pues lo que dices, no es la verdad.

3. Decir no sé, o no estoy seguro. Si tienes dudas mejor usar esta opción y luego investigar.

En situaciones de margen, amplias, donde hay varias respuestas concretas, correctas y posibles, de medición o juicio en el Mundo de las probabilidades de ocurrencia, sobre todo cuando se refiere a propuestas futuras. Aunque también, el Mundo de la estadística, es útil cuando se aplica el concepto de probabilidades de ocurrencia de posibles causas en el pasado y su proporción estimada o definida.

Un ejemplo de situaciones de Margen en el béisbol donde hay un margen para batear bien, pues hay oportunidad de tres bolas y dos *strikes*, antes del desenlace del resultado preciso. En los deportes, hay un campo de *fair play (juego limpio)* y un *offside (fuera de juego)*. Dentro del campo de *fair play*, se pueden hacer múltiples movimientos o jugadas acertadas o no acertadas. La persona Confiable, acierta o no, dentro de ese campo de juego posible, dentro de ese margen de acción, para un desenlace significativo. En el campo *offside*, cualquier intento, movimiento o jugada, no vale, no es permitido y no cuenta (esta es situación precisa). Además, lo Confiable se mide por resultados acertados. También, se puede expresar como porcentaje de jugadas acertadas del total de intentos realizados.

Otra visión, en situaciones de margen, es, qué tanto tiempo permaneces dentro del campo *fair* y qué tantos logros significativos conseguiste.

Con los ejemplos anteriores, quise dar un análisis técnico de Confiabilidad, desplegando *logros del score,* por un lado, y *logros que son significativos y generalmente, productores de un mejor resultado final o mayor score*, por el otro lado; todo visto integralmente. Vuelvo al punto, Ser Confiable, no es fácil. Sobre todo, en campos de actuación complejos.

Tomé como ejemplo el deporte, pero en una empresa, negocios y oficios profesionales, también tienen un campo de juego, y unos resultados, generalmente, más complejos que el deporte: Manejo de Clientes y Ventas, con sus fases intermedias; manejo de materiales y proveedores, con sus fases intermedias; manejo de la fuerza de trabajo de colaboradores y sus fases intermedias; manejo de los resultados de eficiencia, rentabilidad y crecimiento; manejo del patrimonio y su evolución; y por último, manejo de los impactos sociales.

¿Cómo es la Confiabilidad de manera general, en los siguientes campos sociales?:

- La administración pública federal, estatal, municipal.
- El ejército.
- La policía.

- La política.

- La familia.

- La educación de los hijos, colegios y universidades.

- La medicina y la salud.

- Los deportistas.

- La aviación.

- El transporte carretero.

En la cultura de nuestra sociedad, ¿propiciamos de manera deliberada la Confiabilidad?, o ¿dejamos que suceda al azar? o ¿la desmotivamos de manera deliberada?

Si se detienen a pensar, pueden observar que existen campos de la actividad humana más delicados que otros. Hay algunos campos donde la No Confiabilidad causa muertes humanas, por ejemplo: en la aviación y la medicina. En otros campos, la No Confiabilidad produce muertes indirectas o heridos. En el campo administrativo, muchas veces los errores causan efectos parecidos a la muerte, pues dejan daños humanos profundos.

En situaciones probabilísticas, cuando se trata de opinar, apostar o dialogar sobre el futuro previsible, nadie es Dios, para saber qué pasará con exactitud, verdad y objetividad. Sin embargo, vemos que es muy común en muchas personas, decir y aseverar lo que sucederá en determinados temas o asuntos.

En este aspecto, me atrevo a clasificar a las personas de la siguiente manera:

1. Los que confunden el *yo quiero que sea*, con *lo que realmente es*. Estas personas, aseguran lo que va a suceder, sin nociones de probabilidad ni objetividad.

2. Los que saben que las cosas pueden cambiar en segundos y reconocen que, hasta que suceda, es seguro; saben diferenciar entre *lo que yo quisiera que sucediera*, de *lo que realmente sucede* o *puede suceder*. Estas personas, hablan de lo que esperan que suceda, porque lo pueden visualizar, entendiendo que no lo pueden garantizar. Seguramente harán algo proactivo que pueda causar lo que ellos desean y visualizan, pero saben que no es cien por ciento seguro. Ellos son capaces de entender las probabilidades de ocurrencia, pueden emprender un aseguramiento, para que aumente en lo que se proponen.

3. Los que viven el presente y no han desarrollado su proceso pensante visionario-estratégico para penetrar en la probabilística, las posibles ocurrencias futuras y sus implicaciones, prefieren decir: *no tengo idea, no sé* o *no me importa*.

Como pueden darse cuenta, sólo las personas del grupo 2, tienen madera y potencial para ser Confiables en el Mundo de las Situaciones Probabilísticas.

Las personas de los grupos 1 y 3, necesitan desarrollar su proceso pensante visionario-estratégico, junto con su objetividad (cualidades de la Inteligencia Emocional), para pasar al grupo 2 y tener Confiabilidad.

No hay mucha gente bien entrenada, para tener este proceso pensante probabilístico, en su toma de decisiones.

6- ¿PARA QUIÉNES ERES CONFIABLE?

¿Tienes Credibilidad? ¿En cuáles temas u oficios?

Pregúntate si tú eres Confiable en ciertos temas u oficios, en la percepción de los demás, en la percepción de los que te rodean, en la percepción de los que tienen y dominan tu oficio.

No siempre la percepción de los demás es cien por ciento correcta. Depende de los prejuicios y capacidad de dominar el oficio de que se trata, del que va a calificar y a juzgar.

Generalmente, tu sola opinión acerca de tu Confiabilidad, es muy pobre. Claro, hay excepciones, cuando el grado de *expertise* y exigencia es muy alto y, con ese grado, te juzgas a ti mismo; entonces, resulta que tu juicio es mejor que el juicio de los demás. Sin embargo, la respuesta está en los que tienes a tu alrededor e intercambias dar y recibir; está en expertos terceros de tu oficio.

- ¿Les eres Confiable?
- ¿A quiénes?
- ¿En qué aspectos o temas eres Confiable, y en qué temas no pareces Confiable, en la percepción de los demás?
- ¿Eres y has sido Confiable con tu familia?, ¿no les has fallado a tus hijos?, ¿a tus padres?, ¿a tus hermanos?
- ¿Eres Confiable en lo general?
- ¿Eres Confiable en tu oficio o actividad principal que tengas?
- ¿Eres Confiable en todo lo que ofreces o prometes?
  - Con tus superiores (padres, maestros, jefes).
  - Con tus colegas (hermanos, amigos, vecinos).
  - Con tus colegas en el trabajo.

- Con tus clientes.
- Con tus socios.
- Con tus proveedores.
- Con tu pareja.
- Con tus hijos.
- Con tus colaboradores cuando tienes gente a tu mando.

En el fondo de tu corazón y en tu conciencia, tú puedes contestar estas preguntas, evaluarte, aplicando una escala de: *alto, medio alto, medio bajo, bajo* y *nulo*.

Pero conviene tener la perspectiva de ellos. Los que tienen la palabra sobre tu Confiabilidad no eres tú, son los demás, con quienes te relacionas en el dar y recibir algo. Pregunta e investiga, en qué temas te tienen confianza y en cuáles no te tienen confianza.

Es el primer paso para emprender el viaje hacia *Ser Más Confiable,* en lo que te propongas. Y esta información, te dará la plataforma para ir educando a tu *yo*. La idea es, que finalmente, seas tú mismo, el mejor juez de tu propia Confiabilidad. Pero para eso, se requiere entrenamiento en objetividad, y en las percepciones de otros que te ven actuar y, si lo solicitas, te dan una magnífica referencia.

Si tú eres Confiable a los demás y das ese ejemplo, es muy probable que así te vayan a responder, siendo ellos Confiables.

Imagina lo que se podría ahorrar un país en rechequeos y trámites establecidos por la No Confiabilidad.

Entonces viene la pregunta:

¿La pobreza es lo que impide ser eficiente? O más bien ¿la falta de eficiencia y productividad ocasionan la pobreza? No ser Confiables produce ineficiencia y pobreza.

Imagina... si tenemos un país donde todos cumplen lo que prometen, el progreso que tendría, y las consecuencias en las relaciones humanas, la Confianza, el optimismo, la objetividad, la satisfacción de vivir bien, etc.

La Cultura de Confiablidad consiste en SER CONFIABLE A LOS DEMÁS, CON QUIENES INTERACTÚAS: es decir, que tú seas Confiable a juicio de los demás.

7- ¿CUÁNDO SE PIERDE LA CONFIABILIDAD?

La confianza se gana lentamente, como el crecimiento de la palma, y se pierde rápidamente, como cuando cae el coco de la palma.

Debemos entender que, para ser Confiable, hay que ser Ético y, además, Responsable y bueno (acertado) en el ejercicio del oficio o tema en cuestión.

Se pierde o no se gana Confiabilidad, cuando:

- Se hacen juicios subjetivos, convenencieros y tendenciosos para favorecerse a sí mismos.

- Tienes esa herencia y esa costumbre de engañar, a sabiendas que la realidad es otra; buscas engañar para favorecerte a ti o a otra persona. Dicho de otra manera: la verdad, la usas cuando te conviene y te favorece y, cuando no te conviene, usas el engaño.

- Por ignorancia, o porque tu creías que así era, cuando en realidad no es así.

- Confundes el problema, el síntoma y la solución equivocada.
- Cuando no aciertas a la solución correcta.
- Cuando subestimas el problema, subestimas a la otra persona a quien le estás contestando o dando un servicio.
- Cuando cometes injusticias.
- Cuando te falta información adecuada para decidir.
- Cuando adoleces de una capacidad relevante para el tema o asunto de que se trata y no lo haces ver con anticipación.
- Cuando estás enfermo o imposibilitado para actuar, no informas y te abstienes de participar en forma responsable.

El COVID, es un problema relevante, que afecta a todo el mundo y que es muy ilustrativo para hablar de la Confiabilidad. Es importante ilustrar con ejemplos la siguiente lista:

- Nueva Zelanda, Dinamarca, Japón y después Alemania, son buenos ejemplos de Confiabilidad.
- Estados Unidos, con una historia de logros por su dedicación en dar las mejores soluciones y mayor progreso, en esta ocasión, fracasaron en ser de los más Confiables del planeta. Pero ya reaccionaron y controlaron mejor.
- México actuó de manera inferior y, en mi opinión, bajando de nivel de Confiabilidad, respecto a sí mismos, de igual manera que en Estados Unidos. Ambos países tenían una historia de mayor Confiabilidad en problemas y temas parecidos.

- España e Italia, al menos, al principio de la pandemia, mostraron pésima Confiabilidad por sus pésimos resultados.

- América Latina, ha mostrado baja Confiabilidad en general.

Baja Confiabilidad, va más allá que tener malos resultados. Baja Confiabilidad, deja ver que sus procesos internos para conseguir resultados, son tan malos, débiles o torcidos, que se puede pronosticar en el futuro; que sus resultados seguirán siendo malos, si no cambian sus maneras de planear, hacer y controlar las cosas. Dicho lo anterior, señalo en el tema del COVID, algunas posibles causas, que tienen que ver con lo que ya mencioné, donde resalto, *¿Qué hace perder la Confiabilidad o no ganarla?*:

- Menosprecio del problema (dejar para mañana lo que se debe hacer hoy).

- Incompetencia en el problema y las soluciones.

- Ocultar información de datos reales y objetivos.

- Incapacidad para obtener datos e información relevante.

- Confusión al atacar problemas técnicos con soluciones ideológicas.

- Ignorancia de los mandos en el manejo estadístico y de curvas de datos, confundiendo a los demás.

- Ausencia de la cultura de reaccionar a tiempo, quitando causas de la ineficiencia y de los errores.

- Colocando a la gente no adecuada en las responsabilidades asignadas.

Lo que se puede observar, en esta lista de causas que generan baja Confiabilidad, que impiden tener buenos resultados, es, que son causas, factores de diversa índole, técnica, humana y de organización social y, entonces, me obliga a decir, que la Confiabilidad requiere de técnica, de carácter, de disciplina y de altos valores que estamos lejos de tener una Confiabilidad sólida. Por lo tanto, la cultura para construir una Confiabilidad sólida y sostenible, se tarda en desarrollar. Sin embargo, los frutos de mejora y de satisfacción humana se cosechan muy rápido, o sea, desde los primeros pasos de la metodología.

8- ANTÍDOTOS CONTRA LA BAJA CONFIABILIDAD HUMANA

La conciencia alimentada por lo espiritual que las culturas milenarias han aportado al mundo:

- Budismo Hindú.
- Derivados del Budismo en China.
- Derivados del Budismo en Japón.
- Cristianismo.
- Derivados del Cristianismo.
- Filosofía de honorabilidad inglesa.
- Bondad natural evitando envidias, de la cultura Rarámuri.
- Bondad natural de algunas culturas indígenas.
- Leyes basadas en la honorabilidad y la justicia convencional y acordada.
- Códigos de Ética.

- Niveles altos de Conciencia.
- Normas y reglamentos deportivos para regular las contiendas deportivas.
- Reglamentos interiores de trabajo.
- Leyes o reglamentos que controlan los posibles Conflictos de Interés.
- Auditoría Ética (Conflictos de Interés).
- Derechos humanos universales.
- Comprobaciones científicas.
- Mediciones técnicas certificadas.
- Vigilancia con cámaras en todo lugar.

9- ¿QUÉ SE REQUIERE PARA LOGRAR CONFIABILIDAD INSTITUCIONAL?

Capitalizando los errores y aprendiendo de ellos; tomando referencias de culturas más Confiables, tanto del propio país, como de otros países que sean reconocidos por su Confiabilidad; investigando y profundizando en lo que sí queremos ser para mejorar; y, habiendo experimentado modelos para desarrollar Calidad y Confiabilidad, podemos obtener un *Modelo de Confiabilidad*.

En Japón, la cultura viene de 3 factores: una clase dirigente de una familia emperatriz, que no necesita luchar y ganar a otros para mantenerse en el poder; una cultura budista de humildad y servicio; una decisión de la clase dirigente, que consta, en que todo el pueblo en conjunto, todos los ciudadanos japoneses, hayan sido desarrollados en el servicio a los demás, pensando en un país unido y colaborativo. Es el único país en el que la práctica budista de humildad, no se aplicó, únicamente, para el desarrollo personal, sino que se practica como desarrollo social para pensar y colaborar en el bienestar de los demás.

En el mundo del trabajo, de las empresas que han profundizado en *Modelos de Calidad*, se han implementado una serie de factores que se van aprendiendo, y luego, desarrollando, logrando una mayor Confiabilidad en sus productos y en sus procesos para hacer el trabajo. Se requieren de ciertos factores para ser Confiables, que se muestran en los *Modelos de Calidad*, y si las personas que están en el mundo del trabajo aplican estos factores, entonces, se podrá dar ejemplo a los demás, en la vida normal y social de todos. Esto es, que como comprador y beneficiario de ciertos productos del trabajo, recibes una educación de Confiabilidad. Esta educación de Confiabilidad, podría ser un buen ejemplo a seguir en la educación y desarrollo.

La idea de este libro, es aumentar el interés y la competencia para lograr mayor Confiabilidad. Lo que sugiero, es educar con base a los *Modelos de Confiabilidad* que abordaremos en el siguiente *Capítulo*, de tal manera, que cada quien, primero, lo vaya adoptando, y luego, adaptando a sus propias circunstancias

CAPÍTULO II
MODELO DE CONFIABILIDAD HO

El aumento de la Confiabilidad en las sociedades, en las relaciones humanas, tienen como propósito un intercambio de bienes entre sí. Este intercambio de bienes puede ser entre dos o un sin límite de personas. Generalmente, existen empresas, instituciones u organizaciones que se encuentran constituidas para facilitar estos intercambios de bienes.

En seguida voy a establecer los 20 Factores claves requeridos para facilitar y lograr la Confiabilidad, lo cual incluye personas, organización, sistemas de trabajo que, a su vez, agrupa funciones, procesos, tecnología de información y una gestión Confiable, con prácticas de supervisión y gobierno desde el más alto nivel.

Diseñe el *Modelo de Confiabilidad HO*, con base a mis experiencias de 53 años de vida profesional, pasando por especialidades muy distintas: Carrera de Ingeniero Mecánico Administrador; Maestría en Administración; Especialización en Psicología Laboral y Desarrollo Organizacional; Diseño de Estructuras de Organización; Dirección de Capital Humano; Modelos de Calidad; Calidad Total Corporativa y de Manufactura; Inteligencia de Mercado; Planeación Estratégica; Inteligencia Emociona; y Liderazgo Institucional.

Las letras *HO*, las anoto para reflejar que este Modelo, tiene una *Orientación Humana* y *Organizacional (HUMAN ORIENTED* o *HUMAN AND ORGANIZATION ORIENTED)*.

La idea es, primero, establecerlo *conceptualmente* y, luego, derivarlo en Modelos más concretos y específicos para cada empresa, según su giro y sus circunstancias, acompañando este M*odelo de Confiabilidad HO*, con *coaching*, cursos y asesorías, para ayudar a la sociedad a tener más competencias en estas funciones y especialidades que aumentan la Confiabilidad.

La idea es ponerlo en un lenguaje universal, de tal manera, que lo puedan entender dirigentes y colaboradores, líderes y liderados, que puedan motivarse todos: gente mayor, gente adulta, jóvenes y hasta niños, con ejercicios prácticos que ilustren este *Modelo de Confiabilidad HO,* con sus Apartados y sus *20 Factores* a Implementar, fomentado una cultura institucional y Confiable.

SÍNTESIS ESQUEMÁTICA DEL MODELO DE CONFIABILIDAD HO

II.1. *COMPROMISO DEL NIVEL DIRECTIVO Y CONCIENTIZACIÓN*

1. COMPROMISO DE LIDERAZGO CON EL MODELO DE CONFIABILIDAD HO, DESDE EL MÁS ALTO NIVEL
2. CONCIENTIZACIÓN/PREPARACIÓN

II.2. *EJECUCIÓN DEL MODELO DE CONFIABILIDAD*

F1. COLABORACIÓN Y SERVICIO A LOS DEMÁS

F2. COMPROMISO/VOLUNTAD ORGANIZADA

F3. LIDERAZGO INSTITUCIONAL

    F3.1. Responsabilidades básicas

    F3.2. Modos de Dirección/Delegación

    F3.3. Apertura en las Perspectivas de Decisión y Autoridad

    F3.4. Autoridad Moral y Autoridad formal

F4. VISIÓN/ESTRATEGIA

F5. CONCEPTO DE CLIENTE Y DE USUARIO, ASÍ COMO DE PROVEEDOR. CADENA PROVEEDOR-CLIENTE-USUARIO

F6. QUERER AL CLIENTE Y AL USUARIO

F7. CONEXIÓN

F8. PLANEACIÓN ANTES DE EJECUTAR

F9. DESPLEGAR, EFICIENTIZAR Y CONTROLAR INSUMOS

F10. EJECUCIÓN Y COMPROBACIÓN

    F10.1. Cuatro Mundos en la Ejecución

    F10.2. Objetivos básicos para alcanzar en el Mundo 1, de la Ejecución

    F10.3. Pensar, Sentir, Actuar y Comprobar

    F10.4. *Método HO* para lograr Objetivos de Excelencia

    F10.5. Campos de la Inteligencia Emocional

    F10.6. Ejerce tu Libertad escogiendo tu Vocación

    F10.7. Continuidad contra Disrupción por innovación

    F10.8. Comprobación

    F10.9. Ejecución en el Mundo 3, el Mundo del Staff

    F10.10. Ejecución en el Mundo 4, el Mundo de los Jueces

- **F11. CONTROL DE CALIDAD**
  - F11.1. Enfoques de Control de Calidad
  - F11.2. Inspección
  - F11.3. Control de Procesos
  - F11.4. Calidad como Función *Staff*
- **F12. EXCELENCIA EN LA CONTINUIDAD OPERATIVA**
- **F13. DETECCIÓN DE FALLAS Y APRENDER DE LOS ERRORES**
- **F14. MEDICIÓN Y DOCUMENTACIÓN**
- **F15. MEJORA CONTINUA E INNOVACIÓN**
  - F15.1. Procesos de la Innovación
  - F15.2. Mejora Continua
  - F15.3. Modificación de Procesos
  - F15.4. Reingeniería de Procesos
  - F15.5. Desarrollo de Nuevos Productos
  - F15.6. Proyectos de Innovación
  - F15.7. Investigación y Desarrollo
- **F16. COMUNICACIÓN CONTINUA DE RESULTADOS Y DE VALORES**
- **F17. POLÍTICAS, LEYES Y REGLAMENTOS PRÁCTICOS**
- **F18. AUDITORIA**
- **F19. ESTRATEGIAS DE DESARROLLO HUMANO**
  - F19.1. Reconocimiento de Logros de Confiabilidad
  - F19.2. Liderazgo Participativo Socio Técnico
  - F19.3. La Persona Adecuada en el Puesto Correcto
  - F19.4. Capacitación Continua en el Oficio
  - F19.5. Capacitación Continua en el *Modelo de Confiabilidad HO*
  - F19.6. Capacitación en Inteligencia Emocional
- **F20. ESTRATEGIAS DE MOTIVACIÓN HUMANA**
  - F20.1. Promoción de los Valores y su Aplicación en Cada Puesto
  - F20.2. Promoción y Cuidado de la Salud Física y Emocional
  - F20.3. Desarrollo de los Fines del Trabajo
  - F20.4. Ambiente de Equidad y Trascendencia

II.3. *ADMINISTRACIÓN DEL MODELO DE CONFIABILIDAD HO*

II.1. COMPROMISO DEL NIVEL DIRECTIVO Y CONCIENTIZACIÓN

1. COMPROMISO DE LIDERAZGO CON EL MODELO DE CONFIABILIDAD HO, DESDE EL MÁS ALTO NIVEL

Como hemos venido comentando en este libro, el liderazgo es el Factor más importante para lograr Confiabilidad, hay que asegurar que, en la práctica del liderazgo, se tenga bien claro lo siguiente: no se vale decir: *ustedes sean Confiables y leales a mí y tomen estas reglas y sistemas para que sean Confiables y yo los dirijo y superviso.*

Así no es y así no debe ser.

El y los líderes del más alto nivel, deben entenderlo y practicarlo. Ellos deben someterse a los sistemas de aseguramiento de la Confiabilidad en su liderazgo.

El líder y los líderes del más alto nivel, tienen que ser Confiables ante terceros, tanto hacia adentro como hacia afuera de su organización, empezando por sus clientes, proveedores y la comunidad.

Está comprobado, que una gran parte de la población imita a sus jefes o superiores, no por lo que dicen y predican en sus discursos, sino por sus acciones y decisiones. *Hechos*: es lo que conforma la verdadera comunicación. *Hechos*: son amores y no sólo buenas intenciones. El lenguaje de los *Hechos*, lo entienden muy bien todas las personas.

Una narrativa fundamentada con *Hechos*, es la parte más sólida en la comunicación que se requiere del líder, para entrar a establecer un Modelo de Aseguramiento de la Confiabilidad en la empresa.

2. CONCIENTIZACIÓN/PREPARACIÓN

   1. Como primer punto: entender, comprar la idea e internalizar la mística de la Confiabilidad y tomar la vocación de la Confiabilidad.

   2. Entender las *Definiciones Sobre Ser una Persona Confiable*.

   3. Entender las *Causas Éticas de la Confiabilidad*.

   4. Entender el *Binomio de Elementos Fundamentales para ser Confiable*.

   5. Entender las *Bases Antropológicas de la Persona Confiable*.

   6. Tener un campo de acción definido de juego, para implementar el Modelo de Aseguramiento de la Confiabilidad, explicando, algunas áreas a mejorar por las que se justifica el Modelo.

   7. Motivar el esfuerzo y el viaje por el *Modelo de Confiabilidad*, con base en los beneficios esperados para la empresa y para todos.

II.2. EJECUCIÓN DEL MODELO DE CONFIABILIDAD

F1.   COLABORACIÓN Y SERVICIO A LOS DEMÁS

Primero, hacer bien la propia actividad; luego, lograr facilitar la actividad de los demás; después, estar disponible para colaborar en extras. Un excelente ejemplo es el béisbol, que aplica a todos los trabajos: recoger la pelota por el jugador de segunda base, haciendo su rol correctamente, pero también tirando la pelota a tercera base, para que se reciba cómodamente y sacar el *out*, facilitando el trabajo del jugador de tercera base.

La colaboración espontánea, la hospitalidad y la amistad, son señales de aprecio por el prójimo. Cuando existen en las culturas estas señales, se facilita mucho agregar un desempeño confiable para el beneficio de los demás. En estas culturas, cambio la palabra Confiabilidad por Confiamabilidad, y es un fruto muy preciado de esa sociedad.

Hay que instituir esa mística de trabajo y servicio, esa mística de Colaboración tiene que transmitirse.

Nos falta desarrollar más el amor al oficio o especialidad, dar ese extra de colaboración y servicio, el *amor a la camiseta* de la empresa o lugar de trabajo, y la honorabilidad en la sana competencia con el adversario, para llegar al nivel deseado en el *Modelo de Confiabilidad*.

Cuando venimos de una historia de Baja Confiabilidad, los ciudadanos desconfían del gobierno y el gobierno desconfía de los ciudadanos; los colaboradores desconfían de sus jefes y los jefes de sus colaboradores; los colegas desconfían entre sí; los adversarios, con mayor razón, desconfían de sus contrincantes cuando hay competencias y, ambos, desconfían de los árbitros.

El apretón de manos de tiempos antiguos, entre dos personas honorables y conocidas, es un ejemplo de Alta Confiabilidad y, también, buen ejemplo de eficiencia en el proceso.

Hoy, en el siglo XXI, se requiere un sistema más sofisticado para asegurar la Confiabilidad, tratándose de un grupo mayor de personas colaborando o trabajando entre sí.

Ahora, se requiere más sofisticación en el manejo de la gente, con los siguientes procesos de dirección de gente:

- Aclarar roles en lo individual.
- Compartir el alcance del proyecto en el grupo de personas.
- Aclarar dudas en el grupo.
- Diseñar, cada uno, lo que recomienda cambiar para sí mismo.
- Llamar al emprendimiento de aquellos cambios propuestos y acordarlos en consenso, con eficacia y buena coordinación del facilitador.
- Probar, en plan piloto y luego implementar.
- Dar reconocimiento a los logros, tanto en lo individual como al grupo.

Esto, quiere decir, transformar los procesos a que sean menos burocráticos y costosos, pero teniendo más Confiabilidad, más educación en la Confiabilidad, para ser más exitosos, más competitivos.

Más personas y más procesos Confiables, con inteligencia, da como resultado, menos burocracia, menos controles, porque cada paso del proceso y de la cadena productiva, se autorregula y se autocomprueba.

Esto mismo, hacerlo en el grupo de líderes del primer nivel y del segundo nivel; esto es, entre colegas del círculo de líderes del más alto nivel, y así, evitar las tremendas divisiones que ocasionan los jefes hacia abajo.

Hay personas que nunca aprendieron a colaborar con otros, que nunca pertenecieron a un equipo de conjunto, donde había que compartir estrategia, acciones, triunfos y fracasos. En estos casos, hay que conducirlos sabiamente, auxiliándose de los que sí saben colaborar en equipo, mostrando ejemplos y resultados. Además de darles *coaching*.

TÉCNICAS DE AYUDA: Clarificación de Roles; Sesiones de *Team Building*, orientado al sistema de trabajo sociotécnico; Perfilamiento humano; Identificación de líderes informales; Inteligencia Emocional aplicada al trabajo; Clima Organizacional; Desarrollo de trabajo en mancuerna (Caso en la Aviación de Trabajo de Piloto y Copiloto); Capacitación en Calidad; Capacitación en Confiabilidad; Concientización para la motivación de colaborar.

F2. COMPROMISO/VOLUNTAD ORGANIZADA

Las personas son libres y, si por voluntad propia, no aceptan jugar, no aceptan trabajar, no aceptan ciertas reglas para trabajar, no les representa un beneficio, una satisfacción, una necesidad sentida, entonces, hay que decirlo, y mejor que haga lo que sí está convencido, en vez de estar a fuerzas y resentido. A fuerzas, sale contraproducente. En el medio culinario, se dice que, si la persona tiene mala voluntad, está emocionalmente desconectado, triste o enojado, el platillo que cocina sale mal y perjudica al que lo come. En el medio de la aviación, también, se recomienda al piloto no pilotear cuando hay inestabilidad emocional, es inseguro. En el medio deportivo de alta competencia y rendimiento, es igual, no vas a poder ganar cuando estás indispuesto emocionalmente.

Algo parecido pasa con cualquier trabajo, donde, si hay mala disposición emocional, el entregable de ese trabajo, así como el platillo que sale de la cocina, sale malo, perjudicial, sale contraproducente, si la actitud del productor o del receptor es negativa.

Por eso, se requiere de preguntar a los participantes: ¿quieres hacerlo?, ¿lo haces por obligación, de manera forzada y en contra de tu voluntad? Primero, se requiere de voluntad, motivación y vocación por participar y, además, ganas de aprender más y hacerlo mejor.

Nos falta, despertar el gusto por las obligaciones que corresponden a cada situación personal de trabajo que, voluntariamente, se aceptan, y que generan satisfacción interna y motivación por el significado que representa hacerlas.

¿Y dónde queda la remuneración, que es una motivación fundamental para convencer a alguien de un trabajo?

Es importante señalar que no hay remuneración que resuelva un problema de desmotivación interna. Cuando la desmotivación es permanente, enferma. La remuneración ayuda a convencer que hay que hacer tal cosa, pero coyunturalmente, porque si tu trabajo te enferma, por más dinero que te paguen, no remediará tu aflicción.

En cuanto a motivación, de acuerdo a la *Pirámide de Maslow*: no a todos los motiva lo mismo, depende mucho de la escala en la que has ido cubriendo tus necesidades.

Cuando hay cierto nivel de satisfacción en tus necesidades fisiológicas, de alimentación, vestido y vivienda, entonces, se da paso a los siguientes posibles niveles de motivación:

- Realización personal.
- Formar una familia.
- Formar una empresa.
- Dejar una huella de contribución que perdure.
- Hacer cosas que resulten en un significado importante para ti.
- Hacer cosas por el placer de hacerlas, porque son hobbies y trabajo a la vez.

Me refiero al Mundo del *HACER*.

No necesariamente, todos participan igual en el Mundo del *HACER*. Hay personas más motivadas por *hacer* y otras más motivadas por el *SER*, por pensar, reflexionar, así también, hay otras personas que están más motivadas por observar, hablar, mandar, sin realizar acciones y hechos tangibles en el Mundo de *hacer*.

Pensar para decir bien, es una cosa y, *Pensar para hacer bien*, es otra muy distinta. Los grupos neuronales que se utilizan para pensar son muy distintos. Es muy común confundir que, por decir bien, haces bien, y muchas veces, no es cierto. El lenguaje para conducir el *hacer*, es muy distinto al que conduce al criticar, al especular y al imaginar, muy distante del *hacer*.

Existen discursos bien pensados para criticar, pero no necesariamente, quien critica, tiene las competencias y el pensamiento adecuado para resolver, favorablemente, esas críticas que él mismo produce con palabras y, muchas veces, se encuentra lejos de poder dar soluciones con acciones.

En el curso de Fortalezas de la Mente se aprende claramente estas diferencias.

Es importante, al hablar de roles para *hace*r, para colaborar y con compromisos, conocer estas motivaciones de las personas y fundamentarlas con su historial personal.

Es importante conducir a la gente en roles apropiados a su perfil humano. Es importante señalar las áreas de oportunidad entre el perfil real de la persona y el perfil que demanda el puesto, rol o posición en la organización.

El perfil del puesto define cómo es y cómo debe ser en el Mundo del *hacer*. Es muy bueno definir la posición y el rol que cada quien juega en función de lo siguiente:

- Mundo 1. El Mundo del *hacer,* de *línea*, en la vida real (momentos de la verdad): ejecutar con hechos, con acciones que se notan, que requieren mente, manos, piernas, cuerpo y actitud.

- Mundo 2. El Mundo del dar guía y órdenes con autoridad.

- Mundo 3. El Mundo de dar soporte y apoyo *staff,* al *hacer,* de *línea*.

- Mundo 4. El Mundo del juez imparcial.

En el béisbol, el Mundo 1 del *hacer,* que yo llamo de *línea*, es pichar, cachar, fildear, batear y correr las bases. Se define, como las personas que están en posición autorizada y válida, de tocar y maniobrar con la pelota en juego y, que son responsables de lograr una buena maniobra, un buen destino de la pelota.

El *coach* piensa, habla y guía, pero no batea, ni fildea, ni cacha, ni picha, ni corre las bases en el transcurso del juego; es decir, el coach no actúa ni ejecuta en los momentos de la verdad, de la vida real.

Mundo 2, dar guía y órdenes con autoridad. El Mundo del Mando. Decide quién juega en cada posición.

Siguiendo con el ejemplo del béisbol, el médico que cura lesiones, el administrador que vende y cobra los boletos, son ejemplo del Mundo 3: del Mundo del Staff.

Los árbitros y jueces que marcan los resultados de las jugadas pertenecen al Mundo 4.

En las empresas, generalmente, el Mundo 1, es lo que llamo: *la línea*; está definido por aquellos participantes que están en posición de maniobrar con el producto, desde su elaboración hasta su entrega con el cliente, vendiendo, negociando. Personas que, por su rol, impactan en forma directa con sus pensamientos y acciones en la venta directa, en la elaboración de alguna parte del producto o del servicio, hasta su entrega.

El Mundo 2, está constituido por los jefes de diferentes clases y niveles, pero debe aclararse qué parte de su rol es tener acciones directas de línea, ya sea con el producto o con el cliente, y qué parte de su rol y con quiénes, sólo es revisar, supervisar y dar guía, sin intervenir. En la mayoría de los casos, es una mezcla que hay que manejar muy bien, identificando esos roles muy distintos.

Cuando, el que pertenece al Mundo 2, también opera en el Mundo 1, sin orden ni separación alguna de dichos roles, generalmente, causa muchos conflictos. Hay un conflicto cuando resulta un error o una falla. ¿De quién es la culpa?, ¿quién la ocasionó?, ¿fue a propósito, descuido o falta de entrenamiento?

Las actitudes defensivas de los jefes son muy fuertes: no desean perder su trabajo y usan su autoridad para asegurar que no es su culpa.

Hay Conflicto de Interés cuando es juez y parte, en decidir quién fue y en decidir la sanción correspondiente.

Bajo el enfoque del *Modelo de Confiabilidad HO* hay 3 premisas:

1. El jefe debe absorber *la culpa*, mejor dicho, *la responsabilidad* de manejar adecuadamente esos errores, para evitar que se vuelvan a cometer, cuando la falla fue causada por alguien de esa área que comanda el jefe.

2. Debe investigarse, objetivamente (motivación por la verdad), si es por falla del proceso del equipo, de falta de entrenamiento, falta de lineamientos claros de los jefes, de la persona, o en sí, del grupo, que tuvo o tuvieron un descuido ya sea por distracción o por cansancio, o de una acción de alguien con dolo.

3. Hay que evitar que vuelva a suceder, aprendiendo de los errores o fallas y solucionando la causa raíz.

La probabilidad de que la causa de las fallas no sea por dolo, es altísima. Entonces, quiere decir, que no hay que buscar culpables, sino causas, en la mayoría de las veces. Aún en caso de dolo, se recomienda ir a la causa raíz y ver porque lo hizo, qué lo impulsó a realizarlo. En ocasiones, la tentación a cometer la falla es mucha, y conviene eliminar esa causa de tentación para resolver el problema, tomando en cuenta la fragilidad humana.

El compromiso de pensar, actuar y dar el resultado, en momentos de la verdad del, Mundo 1; el compromiso de pensar y decidir para guiar, sin ser juez y parte en el Mundo 2; el compromiso de pensar y actuar en los momentos apropiados, para dar soporte, pero no interferir inapropiadamente, del Mundo 3; y el compromiso de pensar y decidir el resultado de las acciones, sin intervenir en la jugada, del Mundo 4; todos ellos, son de carácter muy distinto.

Cuando hay confusiones en estos compromisos, que es muy común, por no entender bien el rol de cada uno, ocasiona muchas deficiencias que afecta negativamente la Confiabilidad.

La deficiencia, en la claridad de roles, ocasiona Fallas del Tipo 1, por confusión; por ejemplo, cuando se dice: *es que yo creía que eso te toca a ti.* Cuando el jefe lo decide, acostumbra a los demás, a que esa decisión siempre le toca al jefe; al acostumbrarlos así, ocasiona una dependencia improductiva e innecesaria. O, *es que tú me dijiste que así lo hiciera,* es otro ejemplo.

También, ocasiona Fallas del Tipo 2, por planteamientos ambiguos o políticos: *hago mal mi rol, para siempre poder zafarme del problema*; cuando hay aciertos, dice: *yo fui*; cuando hay fallas, *fue otro.* Esto afecta gravemente la Confiabilidad de la empresa, pues los jefes, representan a la empresa y su cultura.

Ambos tipos de fallas afectan negativamente a la Confiabilidad por falta del Compromiso correctamente entendido.

El compromiso de los jefes del Mundo 2, definitivamente, es más amplio y complejo en relación a los que se encuentran en el Mundo 1 (sin mando alguno) y a los que se encuentran en el Mundo 3 y en el Mundo 4.

Los perfiles humanos de cada uno de esos 4 roles, son distintos y, muchas veces, ocurren conflictos que afectan negativamente a la Confiabilidad y también a la sana cultura de la empresa, si se confunden y si se interfieren entre sí, sin unidad de mando y desorden.

Siempre es muy bueno acudir al *Deber Ser*. Primero, a quién corresponde el rol, si ese rol, está lo suficientemente claro. Si no, entonces, corregirlo y aclararlo para el futuro inmediato.

En ocasiones, el resultado no es bueno por conflictos entre los participantes de esos 4 Mundos, que pelean medallas y que tergiversan su rol. Imaginen en una orquesta: la guitarra, el violín o el tambor queriendo ganarle al piano. Así de absurdo es cuando alguien arrebata el rol de su compañero. Es un error grave que hace que el resultado sea malo. Ni el mejor jugador de béisbol puede cubrir la tercera y la primera base, es imposible, pues van a perder el juego porque no se puede. Así, en la empresa y la vida real, el querer, por ser muy bueno o tener mucho poder, cubrir dos puestos imposibles de cubrir en el tiempo apropiado, es bajar la Confiabilidad en automático.

Es bueno saber y poder cubrir otros puestos o posiciones, sobre todo, cuando son próximas y durante los momentos de la verdad y de la continuidad de la operación, para que, en caso de emergencia o situaciones difíciles, se pueda colaborar y reforzar, pero siempre en calidad de interinato, de emergencia y de coyuntura, sin agredir al compañero, sino colaborando.

Para que haya Confiabilidad, se necesita un buen resultado global y buenos resultados individuales en cada rol de los 4 Mundos.

Lo Correcto y Confiable es, que cada uno ame su rol, tenga pasión, compromiso con su rol y sea competente; sin interferir, con conflicto, con los otros roles, para que el resultado conjunto sea Confiable.

El Compromiso de los que están en el Mundo 1, es ganar ahora y en todo momento, durante la operación o el juego.

El Compromiso de los del Mundo 2, es ganar ahora y diseñar lo necesario para asegurar el futuro. Es el Mundo responsable de la estrategia y del porvenir.

El Compromiso de los del Mundo 3, es cuidar el entorno de cada especialidad que rodea a los participantes del Mundo1, para que puedan desempeñarse mejor y propiciar un entorno favorable al equipo.

El Compromiso de los del Mundo 4, es ser sabios, imparciales, justos y acertados con la verdad.

Diferentes tipos de compromisos que requieren profundizarse en la conducción e implementación del Modelo de Confiabilidad, tomando mejores decisiones para aumentar la Confiabilidad.

TÉCNICAS DE AYUDA: Planeación y establecimiento de una estructura Organizacional-Profesional; Descripciones y Perfiles requeridos de los puestos; Comunicación y Desarrollo Organizacional; Enfoque a Resultados; Ingeniería de Procesos; Perfilamiento Humano; Encuesta Organizacional; Gobierno Corporativo; Institucionalización y Profesionalización de la Empresa.

F3. LIDERAZGO INSTITUCIONAL

El Mundo 2, el Mundo del Liderazgo, de la Dirección, de la unidad de Mando, generalmente tiene 4 grandes responsabilidades, retos, y compromisos, que se engloban en las siguientes frases:

F3.1. Responsabilidades básicas

1- Obtener buenos resultados de la institución en el presente, para lo que fue creada.

2- Acertar en, a dónde llevar a la institución en el mañana; es decir, asegurar su supervivencia en el hoy y en el mañana.

3- Escoger, motivar y desarrollar a un equipo humano que dé buenos resultados, tanto en el hoy, así como capaz de construir lo necesario para el futuro

4- Tener la infraestructura de tecnología y de activos necesarios (finanzas) para asegurar el éxito del presente y del futuro.

Se requiere de un liderazgo institucional, con una visión correcta y una Inteligencia Emocional motivadora e inspiradora. Buen Manejo de consensos. Profundidad en conocer y sentir lo que se está manejando, como si fuera tu propio cuerpo. Así como tu cuerpo responde a tus pensamientos, pero también, y muy fuertemente, responde a tus sentimientos y resentimientos, así es la institución, la organización que diriges. Y en la institución, se complican los pensamientos y se complican los sentimientos, al ser varios o muchas personas involucradas con diferentes intereses.

Socios, trabajadores, clientes, proveedores, inspectores de gobierno, familias de los clientes y de los trabajadores están involucrados. En inglés se les llama *StakeHolders*. El líder es responsable de observar e influir, de mantener una armonía positiva entre el dar y el recibir de cada uno de estos públicos muy influyentes. El consenso explícito o implícito es fundamental para poder tener éxito en la gestión de un liderazgo institucional.

Tomando decisiones, a veces con profundidad intelectual superior; en otras, con sensibilidad superior; en ocasiones, con saber escuchar en forma superior; a menudo, con firmeza superior; otras tantas, decidiendo, acompañado mediante consensos; incluso, decidiendo en la soledad de su despacho, apostando hasta el propio pellejo.

Así como el cuerpo nota la congruencia o la falta de ella, y enferma cuando es continua su falta, así la sociedad nota la Confiabilidad y su falta. Esto tiene sus consecuencias; así sucede con la institución. Una institución poco Confiable tiende a desaparecer. El líder debe tener las cualidades para pensar y sentir en estas conexiones entre la institución que dirige y la sociedad.

El líder debe ser capaz para manejar la motivación y el entusiasmo por convencimiento en cada uno de estos públicos y debe dar atención a todos ellos.

Hay dos tipos de desaciertos en el Liderazgo: los que suceden por incompetencia o descuido, pero no causan vergüenza; los que suceden y son hechos a propósito y causan vergüenza cuando se detectan y descubren.

Un líder Confiable, sabe con precisión, cuáles son estos límites, y evita el tomar decisiones que, luego, le puedan ocasionar una vergüenza grave frente a su familia y seres queridos que respeta.

Hay decisiones en las que hay Conflicto de Interés, que obliga a sacrificar imagen personal del líder, por razones de beneficio a la institución; esto no causa vergüenza, causa humildad. Esto es ser institucional. Es el caso de cuando tú quisieras favorecer a alguien cercano a ti, pero la institución establece reglas que no te lo permiten, entonces, es cuando hay que sacrificar la cara con tu allegado, pero beneficia a la institución. Claro, hay también la perspectiva que aún, ante la persona allegada a ti, cuando hay nobleza y dignidad, te enaltece y no sacrificas la cara.

Para poder dominar y atender estas 4 grandes Responsabilidades del líder, referentes a cada uno de los 4 Mundos, y atender a estos públicos involucrados que reflejan diferentes perspectivas, es indispensable ciertas fortalezas de la mente y ciertos atributos de Inteligencia Emocional y Social.

Ser al menos tripolar, o bien, cuadripolar cerebralmente y manejar los 4 tipos de procesos pensantes, con superioridad:

1. Profundidad analítica suficiente para no confundir síntomas con causas y poder llegar a la causa raíz si se requiere.

2. Profundidad en el rumbo a seguir; es decir, visionario pero objetivo.

3. Profundidad intuitiva para conocer cómo motivar y desarrollar auténticamente a los demás, con empatía sincera e intuición para percibir el peligro y los riesgos graves.

4. Lógica y orden mental para manejar bien el tiempo del día, planes de acción para comunicar con claridad a los demás y para entender la contabilidad.

Hay poca población en el mundo, de personas directivas fuertemente tripolares o cuadripolares, por lo que conviene aprender a trabajar en equipo y complementarse para lograr liderazgos institucionales sólidos.

Encontrar en una sola persona todos los atributos ideales para un puesto de alta responsabilidad y complejidad, nos llevaría a que sólo un 3% de la población es apta. Sin embargo, cuando se trabaja en equipo, con dos o tres personas bien seleccionadas, se consigue integrar en el conjunto todos esos atributos ideales.

Además, se requiere que el líder sea autosuficiente para abastecer sus propias necesidades personales y le sobre tiempo y ganas para surtir las necesidades de los demás. Que tenga energía personal suficiente. Esto es lo que garantiza dar más a la institución, en vez de querer servirse de la institución que dirige.

Para ser autosuficiente y desplegar su energía hacia satisfacer las necesidades de otros, se requiere, desde el punto de vista de la Inteligencia Emocional, lo siguiente:

- Objetividad.
- Independencia.
- Tolerancia a la presión (posponer la gratificación).
- Control de impulsos.
- Estabilidad emocional a pesar de la adversidad.
- Sentirse bien con la gente y que los demás se sientan bien con él.
- Inspirar a los demás.
- Alta necesidad interna de realización personal.

F3.2. Modos de Dirección/Delegación

Hay 4 maneras de Dirigir/Delegar que, situacionalmente, el Líder debe escoger en un momento dado, y luego, saberlo cambiar en otro momento, según el ciclo de vida (madurez) de la organización que dirige, el ciclo de vida del propio líder y el ciclo de vida de las personas que ocupan posiciones claves en la organización.

1. Ejecutar personalmente una parte del trabajo de los Mundos 1, 3, o 4, para enseñar y, luego, delegar esas tareas a alguien más que las ejecute, para no descuidar las 4 grandes responsabilidades del líder ya mencionadas.

2. Establecer el objetivo, la meta y los principales planes de acción y conducirlos a través del Responsable Directo, a quien le delega la ejecución bajo órdenes e instrucciones.

3. Dar lineamientos generales y solicitar que los Responsables formulen sus objetivos y planes de acción. Luego, Escuchar, Asesorar, Conducir y Aprobar, o no aprobar los objetivos y planes de acción. Luego, supervisar el cumplimiento. Evaluar el éxito y la Confiabilidad.

4. Proveer guía y coaching para asegurar el cumplimiento de los objetivos acordados o tomar decisiones Confiables sobre a quién delegar.

Estos 4 modos de liderazgo deben darse dependiendo del ciclo de vida y madurez de las personas. Primer modo, donde las personas son novatas en sus puestos; el segundo, cuando ya están en un nivel intermedio bajo; el tercer modo, es cuando ya pasan a un nivel de avanzados; el cuarto modo, es cuando las personas ya han logrado ser buenas en el cumplimiento de sus objetivos.

F3.3. Apertura en las Perspectivas de Decisión y Autoridad

Tradicionalmente, las órdenes fluyen del jefe a la siguiente persona en su cadena jerárquica, en forma de instrucciones y órdenes y ese es el único canal de comunicación sobre *qué debo* y *qué no debo de hacer*.

Bajo el *Modelo de Confiabilidad HO*, se amplían los canales de comunicación y delegación.

Un buen jefe debe tener a su disposición 5 Canales para mejorar sus decisiones:

1. El Canal tradicional, donde el jefe dice cómo, porque sabe y tiene experiencia.

2. El Canal del cliente interno, siguiente en la cadena, cuando está bien conectado en la cadena productiva hasta llegar al cliente externo final. Conocer sus necesidades, sus especificaciones, su satisfacción.

3. El Canal de comunicación, en sentido inverso del punto 1. Preguntar antes de ordenar: ¿cómo le harías tú, de acuerdo a tu experiencia y tu capacitación que has tenido?

4. El Canal del experto *staff*, que aconseja desde el punto de vista técnico.

5. El Canal del análisis de alternativas y toma de decisiones, que el ocupante del puesto podría desarrollar cuando esté entrenado en el *Modelo de Confiablidad HO*.

Un buen jefe de Alta Confiabilidad, sabe y demuestra, en la práctica, que él sigue siendo el responsable final, aun usando los 4 canales adicionales. Estos 4 canales adicionales son una garantía de éxito. Si se sienten involucrados e invitados, es mucho más fácil que la ejecución resulte bien. Si sienten suya la decisión por su participación, van a trabajar para que salga bien. Es la mejor manera de hacer consensos, de construir consensos sólidos. Sé Confiable a los demás. El Resultado es, que los demás, van a ser Confiables también.

F3.4. Autoridad Moral y Autoridad formal

Es muy importante, en el Liderazgo Institucional, evitar el Conflicto de Interés en todo y, especialmente, en el nombramiento de los colaboradores. Ser institucional, significa decidir según el perfil que demande la institución, no la conveniencia o gusto personal del líder. Igualmente, las decisiones de aplicaciones de reglas de la empresa deben ser institucionales, no dependiendo de los favores personales hechos al jefe para escalar puestos.

El líder debe tener claro, en su mente, que las personas que escoja van a tener que responder por sí mismas y justificar su puesto ante la vista de todos. Si no pueden justificar su nombramiento con los resultados contributarios esperados del puesto, habrá un quebranto grave a la institución, tanto de resultados de la empresa, como de crisis en el clima laboral. En este caso, la Autoridad Moral se va al suelo junto con su Confiabilidad.

El jefe que logra tener por sí mismo una Autoridad Moral, no hay duda de que la Autoridad Formal la desempeñará muy bien. Se gana el derecho de ser líder, además de ser jefe. Sin embargo, el jefe tradicional formal, puede carecer de

Autoridad Moral. Los jefes que sólo tiene Autoridad Formal, sin tener Autoridad Moral, están desempeñando mal su puesto, y deben ser sustituidos por líderes de Autoridad Moral y Confiables.

Este tipo de jefe que tiene la Autoridad Formal, pero no tiene la Autoridad Moral, es una señal clara de equivocación institucional y la gente lo nota.

Es muy recomendable, primero, observar y autentificar la Autoridad Moral, antes de darle un puesto de jefe, gerente o director. Primero, sé líder de ellos en algún proyecto y, luego, te doy el nombramiento de jefe de ellos.

Con Autoridad Moral es como se consiguen los consensos y, debiera ser, entonces, como se consigan los nombramientos. La Autoridad Moral se gana cuando les eres Confiable a ellos. En el caso de los públicos, socios, clientes, proveedores e inspectores, no hay una relación de subordinación, entonces, es la Autoridad Moral la que entra en juego.

La Autoridad Formal, le confiere autoridad para comprometer recursos de la empresa, de la institución y esas decisiones de alta confianza, deben ser otorgadas a personas Confiables que tengan Autoridad Moral.

En el caso de trabajadores, del equipo humano y colaboradores, es con el único público donde sí pueden ejercer los jefes una Autoridad Formal continua; pero de nuevo, no sirve para generar consensos y compromisos de fondo.

La Autoridad Moral, es la que permite llegar al alma, al corazón y a la razón. A todos les conviene, es la semilla que germina y construye en forma natural el consenso.

TÉCNICAS DE AYUDA: Estilos de Liderazgo; Perfiles de Liderazgo *Human Side y hsei* (Inteligencia Emocional); cursos de Liderazgo *PMI (People Management Institute);* Estructuras organizacionales bien diseñadas.

F4. VISIÓN/ESTRATEGIA

Hay que responder la pregunta: ¿Cuál es la *Misión* y cuál es la *Visión* que se tiene de la empresa de parte del máximo órgano de gobierno?

La empresa evoluciona con dirección o sin ella. Se requiere, en este punto, tener la *Visión* de parte de la Dirección. O sea, la planeación para poder dirigir esa evolución, para que sea lo más deliberada posible. Tomando en cuenta que la vida evoluciona y los tiempos cambian, ¿cómo se desea que sea la empresa en 10 años en 4 Factores?

1. ¿A dónde se quiere llegar? ¿En qué mar, en qué liga, en qué ciudades, países? ¿De qué tamaño?
2. ¿Con qué *know how*? ¿Con qué fortalezas y ventajas comparativas?
3. ¿Para qué quiere ser Confiable?
4. ¿Con quienes?

Estos 4 Factores deben ser complementarios y sinérgicos para ser eficaces.

Además, esta visión de 4 puntos debe de comunicarse, dialogarse y compartirse en toda la organización. Aterrizarse en cada función, en cada puesto.

El rol principal del líder es la Visión y, en seguida, más importante, es con quiénes. Quiénes son las personas (socias y colaboradores) más indicadas para poder hacer que suceda esa Visión.

- ¿Cómo es el nivel de Confiabilidad actual?
- ¿Qué es lo que pasa, al hacer lo que se está haciendo, con bajo nivel de Confiabilidad?
- ¿Quizás alta ineficiencia, alto costo innecesario, alta desmotivación de la gente de la organización, alto descontento de clientes?
- ¿Qué pasa al hacerlo con alto nivel de Confiabilidad?
- ¿Menores costos de supervisión, más productividad, menores costos de producción, mayor satisfacción de los clientes y usuarios?
- ¿Existe comunicación y consenso con la gente en cuanto a su Visión?

Si no hay oportunidades claras de mejora detectadas y la convicción de los beneficios del *Modelo de Confiabilidad*, no habrá energía para realizar la implantación de este MODELO.

- Clientes más satisfechos y convencidos de la empresa y sus productos.
- Personas colaboradoras más integradas y motivadas en el trabajo en la empresa.
- Proveedores trabajando más integradamente, con menores costos y más satisfacción.
- Productos y servicios que van a elevar su nivel de Confiabilidad, en forma superior a lo que tiene la competencia.

La Visión, más allá, es contribuir a generar una cultura de Confiabilidad a nivel de países. Quiero decir, que la educación de la gente es lo que permite tener un mejor país, cuando esta educación aumenta la Confiabilidad. La educación que se transmite a través del trabajo y de las empresas es, quizá, más significativa que la que se produce en los sistemas educativos tradicionales. Esta Visión propuesta, es corregir las tendencias negativas de Confiabilidad y cosechar sus frutos a nivel país, y luego, a nivel empresa, bajar costos, bajar trámites, aumentar satisfacción y competitividad nacional e internacionalmente.

Se requiere de Visión, de que lo que haces, sea Confiable para cimentar un mejor futuro, teniendo claro el puerto al que quieres llegar y el camino por donde se va a transitar, pensando en las personas a quienes tendrás que comunicarte, para darles instrucciones entendibles para los próximos pasos a seguir, y no necesariamente comunicarles el fin de la trayectoria, sobre todo cuando todavía está muy lejos.

Se requiere la Visión de trabajar, actuar y operar dentro de límites trazados por una inteligencia más objetiva. Esta inteligencia objetiva se desarrolla potencialmente con el *Modelo de Confiabilidad*, sus mediciones y soluciones pragmáticas en beneficio de los demás.

En la *Sección 8*, del *Capítulo I*, hablamos de *Antídotos Contra la Baja Confiabilidad Humana*, y muchos de esos antídotos son de índole espiritual.

Quiero destacar, que la felicidad y la plenitud, son una búsqueda deliberada y consciente que se está persiguiendo insistentemente en el siglo XXI. Es con pensamientos de competencia y Visión social que lo vamos a lograr.

De manera tangible y evidente, la empresa no puede ofrecer o conseguir la felicidad y plenitud, sino que es una búsqueda conjunta: empresa y colaborador. La vida familiar y social de cada persona, claro que es parte importante para encontrar la felicidad y la plenitud, pero también, es muy importante la vida laboral. Conjugar ambos enfoques, con Confiabilidad y honestidad, es la propuesta Estratégica del *Modelo de Confiabilidad*.

La visión de la empresa que propongo es:

La empresa, ofrece servir con valores superiores a la sociedad, representada por sus clientes, colaboradores, proveedores y comunidad relacionada, siendo Altamente Confiables y, como consecuencia, todos se ven beneficiados, haciendo extensivo este beneficio a todo el país.

Los Valores forman parte muy valiosa de la Visión. Esto quiere decir, que el Modelo, debe de ser muy enfocado a las llamadas *Causas Éticas de la Confiabilidad, Motivación por la Verdad* y *Perspectiva del prójimo*, como extensión de sí mismo.

Estos valores, fortalecen y blindan a la persona y a la empresa de muchas malas prácticas y manipulaciones políticas, generan una educación que los colaboradores usan para aumentar productividad, servicio y satisfacción personal, que luego, transmiten en su casa y su familia.

Para hacer realidad esto, se requiere desplegar en la empresa estos valores, llevándolos a cada departamento, a cada puesto, a cada rincón de la empresa con metodologías reiteradamente probadas y útiles.

Existe una correspondencia biunívoca: *lo Tangible, que se puede ver y lo Intangible, que se puede sentir*, debe estar en la *VISIÓN*; el rumbo tangible, deseado y factible, con mediciones de indicadores de bienestar tangibles, son indispensables, pero es más importante la consecución de paz, felicidad y satisfacción humana relevante, con estabilidad emocional y entusiasmo; me refiero a las aspiraciones humanas más esenciales, aspirando a lo más alto de los niveles del bienestar humano.

Nos falta que los liderazgos de cada sector o área, y las visiones que implementen, puedan conjugar esta correspondencia biunívoca de lo tangible (que se puede ver) con lo intangible (que se siente). Nos falta aprender a manejar la contundencia de lo tangible medido con lo intangible bien sentido. Esto es, aparejar logros tangibles, medidos, honestos y sustentables, por un lado, y por el otro, con reconocimiento humano, prudente y objetivo. Este debe ser uno de los valores agregados del *Modelo de Confiabilidad*.

En términos de Capital Humano y de Perfiles Humanos, hablamos de balancear Asertividad con Empatía; Empuje con Influencia, Inteligencia Racional con Inteligencia Emocional. En nuestras estadísticas de medición de perfiles, observamos, que hay un gran desbalance que causa un gran número de conflictos, falta de productividad y Confiabilidad.

Tenemos una situación general bastante común, donde muchos líderes o son fuertes y buenos con lo tangible, causando problemas y desastres con lo intangible y, finalmente, emergen muchos conflictos innecesarios; o son buenos sólo con lo intangible y causan muchas fallas en la consecución de logros tangibles (lo que ve el cliente o el accionista).

El *Modelo de Confiabilidad* ofrece dar el valor agregado de producir ese balance tan necesario para el equilibrio emocional, por un lado, y por el otro, el empuje de lograr mejores productos y servicios con mejor eficiencia. Entrenar y dar *coaching* a líderes, para que manejen, de manera natural, el balance y la correspondencia biunívoca entre lo tangible y lo intangible.

Esto es lo que muchas veces se menciona en el Siglo XXI, vamos a ver una fusión de la cultura oriental, sensible y apreciadora de lo intangible, y la cultura occidental, que se esmera en apreciar lo tangible.

En Japón, desde que son niños, les enseñan a vivir las 4 épocas de su vida. Eso les da balance, proveniente de la naturaleza misma, sin conflicto de echar culpas a otro de lo que a uno le pasa. Primavera, Verano, Otoño y, claro, llegará el Invierno, y hay que prepararse durante las otras 3 estaciones. Eso da visión y da balance. Te da responsabilidad directa de manejar tu destino a pesar de los cambios naturales. Da inteligencia racional, objetiva, porque se ve; pero también, da Inteligencia Emocional porque se siente en carne propia, se siente en los padres y abuelos muy queridos por los hijos o nietos.

Proyectos, Consenso y Gestión.

Otro tema que hay que tener claro, desde la Visión, es, cómo manejar los cambios, las disrupciones, las innovaciones y los proyectos, en balance con la continuidad de la operación. Proyecto, Consenso y Gestión. La conceptualización del Proyecto y su alcance, la viabilidad estratégica, financiera, la valuación de costo beneficio en lo que se refiere al Proyecto. La convocatoria, convencimiento e involucramiento, con información adecuada a las personas claves que hay que involucrar y enganchar, en lo que se refiere a Consenso. Y los procesos de Gestión para ejecutar, controlar, entregar y rendir cuentas de sus resultados y su rentabilidad. Proyecto Consenso y Gestión, son elementos de administración indispensables para lograr una Confiabilidad en el liderazgo que dirige a la empresa.

En Japón, tienen mucho respeto por el cambio y por no afectar la continuidad de la operación. Entonces, con Proyectos, Consensos y Gestión, logran cosas con eficiencia y eficacia. Logran solucionar las interfaces conflictivas con educación y planeación apropiada. Gestionan muy bien los tiempos de cambio con los tiempos de consolidación.

En el *Modelo de Confiabilidad HO*, plantea la mejora y el cambio en ser más Confiables, más capaces de poder serlo, y sienta las bases de un camino donde sí se puede, donde todos pueden, si quieren.

TÉCNICAS DE AYUDA: Planeación Estratégica; FODA; Misión, Visión y Valores; Estudio del Sector; Estudio de la Competencia; Investigación de Mercados; Administración de Proyectos; Estructura de Gestión; *Modelo de Confiabilidad*; Administración por Objetivos; Algoritmos para crear el Modelo de Negocio.

F5. CONCEPTO DE CLIENTE Y DE USUARIO, ASÍ COMO DE PROVEEDOR. CADENA PROVEEDOR-CLIENTE-USUARIO

Se requiere identificar a tu Cliente, es decir, la persona que tiene el poder de solicitar tu intervención en algo, ya sea un trabajo, un proyecto, una tarea, una encomienda, un cargo.

El Usuario es aquella persona que hace uso de lo que tú entregas a tu Cliente.

Por ejemplo, si tú vendes un desarmador a una fábrica, tu Cliente es quien decide comprarte y pagarte, pero el Usuario es el que utiliza la herramienta que tú entregaste.

Esta figura de Proveedor-Cliente-Usuario, es una estructura muy fuerte, de tal manera que, si quitas o menosprecias a cualquiera de los 3, se derrumba la Confiabilidad y luego la interrelación. Si no percibes la satisfacción del usuario con el desarmador, y si la satisfacción es baja, va a quejarse y pedirá que compren otro desarmador. Si no percibes la importancia del comprador, también se derrumba la relación. Producto-Cliente-Usuario, es otra forma de ver la estructura, para entender y manejar el diseño correcto, tu operación correcta y tu Confiabilidad total.

Para diseñar un producto o un servicio, más vale que tomes en cuenta al usuario y que te pongas en sus zapatos.

En algunos lugares, veo mucha confusión y dificultad en esto, para distinguir un cliente de un usuario, y en la necesidad de trabajar más en la satisfacción del usuario y menos en el contubernio Amigo-Cliente-Proveedor.

Muchas veces, veo una falta de estructura de la figura *Proveedor-Cliente-Usuario* y veo una figura *Proveedor-Amigo-DAME EL NEGOCIO.*

Y yo pregunto: ¿quién es el amigo de quién? ¿El cliente debe darle el negocio al proveedor, porque el proveedor es su amigo? O ¿el proveedor debe darle a costo el producto/servicio o menos, porque el cliente es su amigo? ¿Quién es el que debe sacrificarse por quién? ¿50/50?

Cuidado, porque esto distorsiona la *Confiabilidad* y a la larga, los resultados tangibles dejan huella y la historia se encarga de reparar los errores de falta de Confiabilidad.

Esta figura, de *Proveedor-Amigo*-DAME EL NEGOCIO, se presta a ser de Baja Confiabilidad, pues los que trabajan en dar el servicio y, sobre todo, en recibir y aprobar el producto o servicio de parte del cliente, están maniatados por compromisos personales, alejados del verdadero negocio que debe comportarse así: *si eres bueno y mejor que tu competencia, en costo, calidad, volumen y servicio, te compro,* de no ser así, al discriminar a los buenos o mejores que tú, evitas el desarrollo y la calidad. Esto también es corrupción. No sienten la presión por hacer bien el trabajo, pues no depende de sus resultados, sino de una amistad que ellos no pueden controlar.

Y entre dichos Amigos: ¿cómo le van a hacer para ver quién es el amigo de quién? ¿quién favoreció a quién, a costa del otro? ¿Cómo va a quedar la amistad si uno *agandalló* al otro?

A veces, observo en algunos casos, que se les pierde la figura de *Proveedor-Cliente-Usuario* y sólo hay la figura de *Proveedor-Amigo.*

El proveedor quiere convertirse también en cliente, y decidir acerca de su producto o servicio, como cliente también, al cabo que es su amigo. Eso presenta señales de deshonestidad y de reglas de juego manipuladas. Es una base que presenta señales de Baja Confiabilidad.

También a veces pasa con la figura *Cliente-Amigo*, en vez de *Cliente-Proveedor*, donde el cliente decide precios y costos, a fin de cuentas, el proveedor es su amigo. Imaginen las terceras personas involucradas, cómo quedan. Fuera del juego, pero moviendo la pelota, sin poder justificar su desempeño correcto, y se pierden las reglas de comportamiento Confiables y se cambian por reglas políticas subjetivas. Esto afecta negativamente a la Confiabilidad.

Balance de entregar (Proveedor) y recoger (Cliente): balance de dar y recibir.

Es como la correcta Respiración: *Inhalación = meter aire externo=* y *exhalación = sacar aire interno=.* Ambos son esenciales y no se puede dar uno sin el otro. Si no inhalas, no puedes exhalar, y si no exhalas, no puedes inhalar sostenidamente, sino sólo momentáneamente.

Cuando tienes, puedes dar lo que tienes; cuando no tienes, no hay manera, no puedes dar. Si pretendes dar lo que no tienes, te destruyes, y eso es contrario a tu bienestar.

La idea de este juego, es convertirlo en un círculo virtuoso: *tener más, para poder dar más,* y es, precisamente, donde la Confiabilidad es un medio de enriquecimiento general. Tú y tu prójimo se benefician. Proveedor y Cliente se benefician.

Existe un punto toral, fino, sutil, donde tú, al dar más, recibes más. Este punto es la segunda esencia de la Confiabilidad, es la derivada de ofrecer lo mejor. Ofreces lo mejor, primera esencia, y recibes más, segunda esencia derivada.

Entre más bien entregas lo que entregas y lo que acordaste entregar, más recibes ahora y más recibirás después. Esta es la segunda esencia de la Confiabilidad.

La primera esencia es interactuar *Cliente-Proveedor*, en un proceso de dar y recibir y, la segunda esencia, es convertirlo en un círculo virtuoso, donde recibes más, tienes más y puedes dar más, en una espiral de generación de riqueza y bienestar.

Los pasos para realizar este *dar y recibir*, en la figura de Proveedor-Cliente-Usuario, son al menos los siguientes:

1. Escuchar y conocer la solicitud del cliente y sus necesidades por parte del proveedor. Y de parte del cliente, ser muy claro en lo que solicita y necesita, así como su alcance y recursos para pagar.

2. Explicitar las especificaciones del entregable al cliente y la contraprestación para el proveedor. Acordar con

el cliente. Es el acuerdo razonado y libre entre las partes lo que induce buenos resultados. No es unilateral, es bilateral o multilateral.

3. Trabajar de acuerdo a esas especificaciones con medición, precisión, comprobación, y satisfaciendo expectativas del cliente, con emociones positivas y auténticas de agradecimiento y deseo de servir.

4. Entregar de acuerdo a los especificado en tiempo, modo y costo. Para eso se requiere de trabajo de preparase, producir y administrar el producto o servicio que se trata. Si rebasas las expectativas de tu cliente, se convierte en tu promotor. Eso es potenciar tus fuerzas.

5. Dar soporte de garantías.

6. Recibir el pago final del cliente con emociones positivas y auténticas de agradecimiento mutuo. Si no es así, documentar qué pasó, analizar por qué no hubo satisfacción suficiente y corregir, ya sea para un trato posventa con el cliente actual, o bien, para clientes futuros. Siempre hay campo de mejora.

Al final, es una espiral de recoger más y entregar más para bien de todos. Satisfacer la demanda con una buena oferta, y luego, enriquecer la oferta e incidir para aumentar la demanda.

Clientes contentos, satisfechos y agradecidos por lo que recibieron, aprendieron y pagaron; proveedores contentos, satisfechos y agradecidos por lo que entregaron, trabajaron y recibieron.

Que al final, quede el sabor positivo de la interrelación, más allá del tema económico. Y si es durante el proceso de hacer la entrega o las entregas, pues mejor.

CONDICIONES DE CONFIABILIDAD CLIENTE-PROVEEDOR		
CLIENTE	PROVEEDOR	RESULTADOS POSIBLES
Honesto y Competente	Honesto y Competente	Dar y recibir con excelencia, correspondencia recíproca y gratitud
Deshonesto y Competente	Honesto y Competente	Dar con excelencia y recibir bien, pero queriendo *agandallar*
Honesto e Incompetente	Honesto y Competente	DAR con excelencia y RECIBIR con gratitud, bien, gracias al Proveedor
Honesto y Competente	Deshonesto y Competente	DAR con mañas y RECIBIR con plena conciencia del cliente que midió al Proveedor
Honesto y Competente	Honesto e Incompetente	DAR con fallas y RECIBIR con plena conciencia y subsidiando al proveedor
Deshonesto e Incompetente	Deshonesto e Incompetente	DAR con mañas y fallas (*Gandalla*) y RECIBIR sin pagar (*Gandalla*)

Las fallas y errores se pueden corregir gracias a la parte de la ecuación que corresponde a ser honesto y gracias a la parte de la ecuación que corresponde a ser competente en lo que haces; optimiza y potencia las relaciones humanas. Cuando no hay honestidad y competencia de por medio, las Relaciones Humanas, empobrecen y se deterioran, y la sociedad también se deteriora.

Existe un océano de posibilidades para innovar dentro de estos 6 pasos ya mencionados. Siempre se pueden hacer mejor y más claro, mejor y más rápido, mejor y con menos costo, mejor y con más garantía, donde proveedor y cliente se benefician. Es en este espacio, donde hay que saberse mover, desarrollando más competencias.

Existe otro espacio FUERA DE LA ECUACIÓN, más hacia la izquierda, por un lado, donde se encuentra el abuso del proveedor; y existe un espacio FUERA DE LA ECUACIÓN, más a la derecha, donde se encuentra el abuso del cliente. Esos espacios que ahora llamé: FUERA DE LA ECUACIÓN, es como en el deporte, las líneas de FUERA DEL CAMPO DE JUEGO, donde se comete FAUL O VIOLACIÓN. Estos FUERA de campo se refieren a posibilidades de cometer faltas tanto de honestidad como de competencias. Hay que tratar esas faltas como en el deporte, señalando primero tarjeta amarilla y, después, por reincidencia o por gravedad, tarjeta roja. Esto es un sistema adecuado para aumentar Confiabilidad. Los sistemas de Medición que se ven en los *Factores 8, 9 Y 10*, deberán encargarse de esto, en principio, y luego, en el *Factor 18: Auditoria,* como redundancia conveniente.

Muchas veces, escucho la pregunta, cuando comento toda esta complejidad y todo este esfuerzo: ¿y dónde quedo yo?, ¿por qué me debo sacrificar tanto por el cliente?

La respuesta es: ponte al final de la cadena y serás más que compensado, mucho más de lo que crees a primera vista. Si tu familia compra productos o servicios, en los que tú entregaste tu esfuerzo y hubo resultados positivos de *Calidad, Confiabilidad y Satisfacción*, verás que vale la pena el esfuerzo por servir, pues tarde o temprano, se te regresa. Es un efecto colateral de beneficio social que luego se te revierte positivamente, premiando tus influencias positivas en otros, ya sea clientes, usuarios o los testigos, que siempre hay. Además, en este *Modelo De Confiabilidad,* existen los *Factores 19 y 20*, donde podrás observar y tener un alto grado de trato humano, social, positivo y enriquecedor.

En el rol de cliente, hay que decir lo siguiente, aunque ciertamente, es más fácil recibir que dar, pedir que entregar: el cliente Confiable es aquel que no se conforma con cualquier producto o servicio, sino aquel que conoce tan bien su necesidad, que es capaz de escoger muy bien a su proveedor, no sólo por costo, sino por costos de oportunidad ¿De qué sirve que sea barato, si el funcionamiento y el tiempo de respuesta no son los adecuados?

Es preciso, para ser un cliente Confiable, conocer muy bien sus propias necesidades y conocer, de manera estratégica, la solución de problemas y de usos de sus productos y servicios que necesita para ser más Confiable en el futuro. Con esta profundización del cliente, entonces, tiene más material productivo para conducir los esfuerzos del proveedor.

El proveedor necesita de una dirección estratégica y técnica para ensamblar sus esfuerzos con su cliente, para aplicar su producto o servicio exitosamente, y es, en donde el cliente, puede medir mejor a sus posibles proveedores en cuanto a ser cumplidos, productivos y Confiables.

A veces, el cliente enseña mucho al proveedor; a veces, el proveedor enseña mucho al cliente. Lo importante es que haya valor agregado de ambos para ambos. Cuando uno de los dos es totalmente pasivo, generalmente, es señal de probable falta de optimización.

Esta cadena de Proveedor-Cliente-Usuario hay que desarrollarla internamente en las empresas a lo largo de la propia cadena productiva, rehaciendo las interrelaciones internas. No se trata sólo de la cadena tradicional de Jefe-Subordinado, o como se dice ahora, Jefe-Colaborador. Esa cadena unilateral ya es insuficiente.

Ahora, hay que formar el proceso de cómo va pasando la elaboración del producto hasta su entrega al cliente final, por los diferentes pasos en que se va entregando la estafeta a alguien más adelante, en función de lo que cada uno va agregando de valor. Cliente interno es el que recibe la estafeta del paso anterior en la cadena. Ese cliente interno, claro que conviene que haga las veces de checar lo que recibe, y no empezar a hacer su trabajo, si hay algo erróneo en el paso anterior. No esperar a que el jefe de los dos haga ese trabajo, eso es completamente insuficiente e ineficiente.

Lo mismo se puede hacer con los servicios y los procesos que se encadenan para un resultado final posterior. En la industria de la construcción, el producto es el edificio, por ejemplo, y cada uno, cada especialidad, va agregando una parte del edificio. Aquí, es sumamente útil elaborar la cadena interna Proveedor-Cliente-Interno, pues se van pasando la estafeta, y claro que conviene instituir el proceso de recepción, entrega y aprobación, por parte del cliente interno, respecto el trabajo anterior.

La cadena de Proveedor-Cliente-Interno, hasta llegar al Cliente Final y Usuario, es la forma más inteligente y eficiente para dar Confiabilidad, calidad, orgullo participativo y motivación en el trabajo.

En las dependencias de gobierno, con los usuarios y en los servicios públicos, urge introducir esta forma de gestión de la cadena Proveedor-Cliente-Usuario, para que sea la cultura mandataria, en vez de, como muchas veces, ahora, son juez y parte, usan el poder de las sanciones que les da la ley para imponer sus ideas, formas de operar y trato a la gente.

A todo lo anterior, hay que agregar, en este Siglo XXI, las redes e internet, para evitar más molestias a los clientes y usuarios, aumentar Confiabilidad y personalización, haciendo que el cliente participe mucho en el manejo de su propia información, para que, a su vez, tenga un mejor servicio.

TÉCNICAS DE AYUDA: Los 6 Pasos para organizar la interrelación Proveedor-Cliente-Usuario; Investigación de Mercado; Inteligencia de Mercado; Ruta del Cliente Satisfecho; Evaluación del Cliente; NPS de Clientes; La Voz del Cliente; CR monitoreando clientes.

F6. QUERER AL CLIENTE Y AL USUARIO

Se requiere, a nivel de creencia, *querer a la buena* a tu cliente y a tu usuario, como lo que le da sentido a tu trabajo, a tu esfuerzo, a tu tarea. Tu cliente, en gran medida, es el que da significado y sentido a lo que tú haces. Imagínate lo que pasaría si la interrelación con tu cliente partiera de que lo odias: o lo subestimas, o lo desprecias. Está muy difícil, sería ir *contra natura*, darle un buen servicio, buen producto o un buen entregable. Si no entregas algo muy bueno o entregas algo malo, la interrelación se puede convertir en relación destructiva y negativa, sería también un bumerang que se te puede regresar en tu contra.

Se requiere medir el nivel de la satisfacción de cliente y emprender su mejora.

Se requiere medir la satisfacción del usuario y emprender su mejora.

La mejor manera de adquirir la práctica de tomar en cuenta al cliente y al usuario es, primero, hacer el ejercicio con uno mismo.

¿Si tú fueras el cliente y tú fueras el usuario, cómo te gustaría que te trataran para que fueras promotor de tu producto, de tu servicio, de tu marca?

Cuando el cliente de lo que tú haces, eres tú mismo, se aplica en ti un algoritmo bastante interesante. Aprendes, que dar y recibir, se transforman.

Aprendes, que dar es también recibir, dado que lo que tú te haces y te das, lo estás también recibiendo.

Entonces, cobra un nuevo sentido trabajar para dar, y entras a un carril donde sientes, en carne propia, que dar es recibir; quizás recibes más que lo que está recibiendo tu cliente. Recibes: razón de ser de tu trabajo, sentido de contribuir al bienestar de otros, aprendizaje de un oficio, experiencias nuevas, maneras de solucionar problemas. Afianzas una ruta de crear riqueza para ti (más tienes, más puedes dar y se multiplica), satisfacción por darle trabajo a otros, enseñar a otros algo que es útil y sustentable, sensación de logro, reflexiones sobre lo vulnerable que es la vida y cómo puedes perder si no te esmeras, moverte con sutileza, precaución y prudencia para evitar caerte.

Aprendes, que recibir es también dar, porque hoy es por ti y mañana, quizás, te toca devolver algo de lo que recibiste de alguien más.

Ponerte tú mismo como recurso (proveedor), y luego, cambiarte de cachucha por ser el receptor o cliente, sirve para entender que la naturaleza misma te enseña de la vida: primavera y verano, para dar muchos frutos; otoño e invierno para aguantar, conservar y preparar para la siguiente temporada; ambos extremos se dan en el mismo año, es la misma naturaleza que cambia su rol de dar y entregar frutos, y luego, de cuidar de lo recolectado para consumirlo con buena administración.

Es bueno, separarte, *Tú como Recurso* y *Tú como Beneficiario* de tus propios recursos. Ser bueno en los dos *Tú*: *Tú como recurso entregador* y *Tú como cliente receptor*, consciente de lo que implica producir y dar.

Es más satisfactorio y enriquecedor, muchas veces, ser bueno, considerarte bueno, y que te consideren bueno los demás como Recurso, que ser bueno como Beneficiario. Para los que son buenos como Recurso, a veces, se les hace aburrido ser buenos como Beneficiario. Prefieren dedicar más tiempo a su rol de ser Recurso para servir a los demás, porque produce más satisfacción.

O sea, la capacidad de producir y entregar produce más satisfacción que la actitud de recibir.

Por el contrario, desconfía de los que sólo se ven a sí mismos como Beneficiarios de todo, y rehúyen su rol de ser buenos como Recurso, para servir a otros.

Dar y Recibir ¿A quién le vas a confiar más tu vida? ¿Al que quiere y puede dar y mucho o al que sólo quiere y puede recibir, y mucho?

Sólo los niños, los ancianos y las personas con circunstancias de algunas incapacidades, pueden darse el lujo de sólo recibir y dar poco. Unos, porque ya dieron, y otros, porque van a dar.

Existe mucho potencial para servir a los demás y querer a los demás, pero también, hay que decir que, en los últimos veinte años, se ha cultivado en la cultura de *Millennials*, donde los padres educaron a sus hijos a ser siempre servidos (recibir y mandar), no tanto a servir y obedecer. Si esto que acabo de decir, se acentúa mucho, se corre el riesgo que puedan terminar por no servir (incapacidad de dar) y eso causa un vacío interior muy grave.

Esta educación de cultura *Millennial*, se hizo en todos los estratos sociales con la ayuda de la televisión, que proyectó esa generación y el relajamiento de las disciplinas familiares, académicas y escolares. Esto motiva directamente, que muchos de los *Millennials* sólo saben ser clientes de los demás y no tanto siendo proveedores esforzados y diligentes.

Sin embargo, ya está la *Generación Z*, que vienen con mucho ímpetu de emprendimiento, inteligencia, buenas intenciones de ayudar y disciplina. Ya saben, ya se dieron cuenta por los Resultados que observan en la vida de algunos *Millennials*, que no reditúa eso de nomás ser servidos y pasarla de fiesta en fiesta, eso de tener puros derechos y nada de obligaciones.

El que no vive para servir, no sirve para vivir; sé un Proveedor Confiable, de amor, de productos y servicios útiles a tu prójimo, hijos, padres, pareja, vecinos, amigos, clientes formales o informales y cosecharás bendiciones.

Provee de algo útil a tu alrededor. Haz clientes informales, además de tener tus clientes formales.

Cuando te diriges a tu cliente, tú como proveedor, presupones una actitud de servicio y de generar satisfacción en tu cliente, ese es el valor fundamental del ejercicio Cliente-Proveedor, es el valor fundamental de la vida. Es el motor de la cultura de Confiabilidad. Y se contagia.

Aplica este concepto de cliente a tu gente más cercana:

<u>A tus padres</u>: encárgate de ver por alguno de sus satisfactores y asegura su satisfacción, pues ellos aseguraron tu bienestar cuando tú no eras autosuficiente. Fuiste su cliente y recibiste mucho. Nada es gratis. Te toca, en su tiempo, ser proveedor de ellos. Sé un cliente agradecido por todo y empieza a ser un proveedor de algunas cosas y servicios para tu casa y familia. Sé proveedor del aseo y limpieza de tu cuarto, de la casa, para que luego puedas ser buen proveedor cuando tus padres ya no puedan proveerse solos. De seguro, este proceso lo podrás inducir con tus hijos en un futuro.

<u>A tu jefe o jefes en el trabajo</u>: eres proveedor oficial y legal por los acuerdos que has hecho con ellos. Si te pagan por el tiempo, sé diligente con ese tiempo, produciendo beneficios acordados. Si te pagan por el producto o servicio que entregas, trata de exceder las expectativas. Sé Confiable en cuanto a manifestar tu estado de avance en tu proceso (Principiante, Intermedio, Avanzado, Experto o Maestro), de manera comprobatoria o certificada. No tases tu trabajo en función de lo que te pagan; da tu máximo, porque también te desarrolla más a ti. Siente orgullo de tener un trabajo, de ser un proveedor Confiable y busca la superación continua de tus servicios, no sólo por el bien de tu empresa, de tus jefes y de tus clientes, sino porque creas un activo en ti, con tu buena fama, una marca personal en tus servicios. Sé Confiable, realizando todo el *Modelo de Confiabilidad HO*.

Lo que des extra, se te va a capitalizar tarde o temprano.

A tus maestros: encárgate de darles una respuesta en tus tareas que los haga sentirse orgullosos de su materia, que vean que vas progresando y transformándote en alguien mejor; eso los llena de satisfacción a ellos, pero también a ti. Haz algo más en tus respuestas que puedan ser útiles para tu clase y las generaciones de alumnos que siguen, y si te han ayudado para tu superación, haz que tu maestro se pueda colgar una medalla por su buena labor. Si el maestro ha dejado qué desear, por su irresponsabilidad, hazlo saber en su momento por el conducto adecuado. Sé un cliente agradecido ante tu superación causada por él. Sé un cliente exigente, no satisfecho, ante su irresponsabilidad.

A tu pareja: encárgate de hacer bien tu rol acordado; cuando haya qué salirse de ese rol, consensa, antes de hacer cambios. Casi todo se puede, si hay rectitud de intención, buena comunicación y negociación. La rectitud de intención se nota, tu cuerpo lo expresa en forma más evidente que tus palabras. Nunca traiciones su Confianza. Se Confiable siempre. Si traicionas su Confianza te traicionas a ti mismo. En esta relación, hay un *switch,* muy dinámico entre ser proveedor de tu pareja y ser cliente de tu pareja. Dar como buen proveedor Confiable y recibir como un buen cliente, Confiable y agradecido. Por eso, el rol acordado, es vital. De qué te encargas tú, de qué se encarga tu pareja, en cuanto a ser proveedores. La mejor relación que conozco es, que cuando hay duda, ambos peleen por ser proveedores del otro, de la casa y de la familia, eso es lo que mejor funciona, y que además, peleen para que el otro sea el cliente. Más proveer y menos recibir, en donde hay duda, es lo que más funciona.

Tampoco funciona pelearse por que el otro sea el proveedor y tú el cliente, a menos que haya quedado muy bien establecido en ese rol acordado.

A tus hijos: eres el proveedor natural, mide lo que les das de recursos para vivir, para que entiendan que, en esta vida, no hay satisfactores gratis. Aún el amor, requiere de alimentarse con amor reciproco; y crece, si no, puede marchitarse. El amor empieza con conocer al otro y darse cuenta de que es diferente a ti, y que lo que es diferente a ti, a veces, es bueno, no siempre es malo, y eso cuesta mucho. Dales calidad en tu trato cuando estás presente. Enséñalos a ser proveedores Confiables, y como clientes, que sean agradecidos. No les muestres aceptación por el nivel de confort y de comodidad. No los enseñes a no ser proveedores, no los enseñes a ser clientes prepotentes. Si cometes el error de enseñarles a no ser proveedores, y a ser clientes prepotentes, tú vas a ser el perjudicado, y no sólo tú, sino los que rodeen a tus hijos en su vida. Conviértete en cliente exigente en las tareas que les encomiendes; exigente, pero dales *coaching*. Que aprendan a luchar siempre, a equivocarse, a corregir y a acertar. Enséñales el *Modelo de Confiabilidad HO*. El camino de ser, primero, Principiante, luego, ser Intermedio, luego, Avanzado, y luego, Experto en alguna tarea, deporte, trabajo, especialidad u oficio. Que no se queden a medias. Enséñalos a posponer la gratificación, viendo que, si se esperan, se multiplica.

A tus alumnos: encárgate de que sus calificaciones y tu retroalimentación tengan un fin recto, honesto y útil. No se trata de ti, se trata de él o ella: tu alumno. Ponle la medalla sólo si se la merece, no se la pongas, si no se la merece. Corromperías a los demás y al sistema educativo si fallas en dar el reconocimiento correcto y Confiable. Es una de esas fallas que ocasiona contaminación general. Se esparce como el *Coronavirus*, todos van a querer el mismo tipo de reconocimiento favorable por pobres resultados. Recomienda el camino de corrección o de superación. No le muestres aceptación por un nivel de confort, de comodidad y de bajo rendimiento. Sé un proveedor de conocimientos, pero también de superación, de trato objetivo y justo con las calificaciones y aplicación práctica de los conocimientos.

A tus vecinos: encárgate, de primero, no ocasionarles molestias, y si las hubiera, por alguna fiesta, ruido o construcción que realices, anticípate para avisar y consensar acuerdos de dar y recibir. Lubrica la relación humana, porque no sabes cuándo te va a tocar ser proveedor y cuándo podrás ser cliente de tu vecino. Una buena banqueta, un buen árbol, una buena entrada, puede darte confort y, en ese sentido, recibir y ser cliente de tu vecino; quizás involuntariamente, pero una entrada descuidada es ser un mal proveedor de los vecinos y, sobre todo, algo que haga que demerite el valor de la propiedad y de la colonia. Después de lubricar la relación con tus vecinos, proveyendo algún satisfactor propio de la comunidad, que sea útil para ti y para la colonia, participa en la mejora de tu colonia. Haz, por un tiempo, clientes a tu comunidad; sin que te paguen, sé proveedor de mejoras de tu colonia. Los beneficios a tu colonia te benefician a ti.

A tus compañeros de clase: encárgate de hacer algo por lograr un beneficio para todos, participando en obtener beneficios adicionales al estudio, como eventos de superación, de convivencia sana, de sumar valor por nuevos conocimientos o por nuevas experiencias útiles a todos. Sé proveedor de mejoras a la generación. No seas cliente de iniciativas que perjudiquen a la generación, ni mucho menos proveedor de ellas.

A tu prójimo en desgracia: encárgate, cuando puedas, de ser un proveedor gratis de algún apoyo. Siendo proveedor gratis, no tienes la obligación más que de causar un bien, no perjudicar y sólo dar lo que tú decidas. Los beneficiarios pueden ser tus mejores maestros, acércate.

A tus trabajadores/colaboradores: encárgate, primero, del cumplimiento de los acuerdos con religiosidad, y extiende una amistad con cada uno de ellos, sin Conflicto de Intereses. Sé cliente exigente pero Confiable de los resultados de su trabajo, y sé proveedor de los servicios que tú representas y te comprometiste a darles con Confiabilidad en tu rol de jefe.

A tus colegas en el trabajo: primero, el mejor trabajo de equipo se comienza con hacer tu trabajo individual, de manera impecable y dando ejemplo. Segundo, extiende tu trabajo para que hagas más fácil y cómodo el de tu compañero, pero que no claudique en lo que le toca. Tercero, no critiques el trabajo de otros, por razones de buscar poder personal y sin tener una solución propuesta, sino solamente cuando sea oportuno, para que tu aporte sea productivo y tu crítica Confiable. Sé proveedor de un ambiente de trabajo que sea positivo, enriquecedor y de emociones positivas.

Al gobierno de tu municipio, de tu estado y federal: *Al César lo que es del César y a Dios lo que es de Dios*. Sé proveedor Confiable en el pago de tus impuestos y exige; o sea, sé un cliente exigente en los servicios del gobierno a la comunidad. Contribuye al bien común, pues no hay presupuesto que alcance para todas las necesidades de la comunidad.

A tu adversario o competencia: adentro de la cancha, supéralo con mejores cualidades y resultados. Recuerda, que lo mejor, es ganar por mucho, pues ganar por poquito es dudoso y en algunas culturas es más difícil de reconocer el resultado. Ejemplo: en el box, cuando hay empate gana el campeón, lo que significa que para destronar a un campeón debe haber una diferencia notoria. Con las reglas de juego, sé respetuoso y obediente. Fuera de la cancha, cultiva primero el respeto y la caballerosidad: *lo cortés no quita lo valiente*; cultiva eventos de superación en bien del sector, del oficio, pues a ambos beneficia; cultiva amistad. En muchos casos, se pueden complementar y recomendar a clientes, según sus diferentes enfoques. Sé cliente o sé proveedor de tu competidor en acuerdos transparentes, productivos y Confiables. El buen espíritu deportivo es lo Confiable, es un gran valor y ese gran valor, a veces, está ausente en detrimento de todos.

<u>A tus proveedores</u>: con estas recomendaciones ya mencionadas, vas a saber muy bien cómo manejarlos, pues serás equilibrado al ser cliente exigente pero empático, porque tú sabes ser buen proveedor.

Y en todos los casos, observa la respuesta de tu prójimo cuando lo conviertes en tu cliente, ya sea formal, ya sea informal; observa lo que sucede, después de entregar a tu cliente, un producto o servicio; observa la cadena productiva; observa qué sucedió con lo que entregaste: ve qué ocurre. Esto es la conexión que hablaremos más adelante en el siguiente *Factor 7: Conexión,* de este *Modelo de Confiabilidad HO*.

Estas respuestas de tu prójimo te enseñan más que todas las clases que has tenido; es *La universidad de la vida*. Encontrarás percepciones equivocadas y percepciones acertadas de ellos ante el mismo producto o servicio. Encontrarás reacciones diferentes, unas favorables y otras no; observarás emociones negativas y positivas. Te ayudan mucho para adaptarte a la siguiente ocasión que interactúes con ellos. Te ayudan para la objetividad, la humildad y la prudencia. Encontrarás lo que es objetivo; lo tuyo, que es subjetivo; lo que es subjetivo del cliente satisfecho; lo que es subjetivo del cliente insatisfecho.

Si encuentras que se genera o que generaste un círculo virtuoso, es que hay sinergia y beneficio. Si encuentras que se formó un círculo vicioso, con lo que tu entregaste o con lo que resultó en la cadena productiva, hay que analizar las causas. Eso te lanza en el proceso, en el deporte de brincar obstáculos, que es una práctica que hay que aprender y desarrollar toda la vida.

Observa si tu cliente es Confiable o No Confiable, para darle valor a sus reacciones. Ponles peso a las observaciones del cliente Confiable, no le pongas peso a las observaciones del cliente No Confiable. Resolver un problema que no es problema, es una trampa muy común que hay que aprender a evitar, que sucede cuando le haces caso a personas No Confiables. Llegar a la causa raíz, no atender sólo los síntomas, tampoco la información *fake* o No Confiable, te ayuda.

Si la cadena resulta en bien común, eres *co-creador* de bienestar. Continúa en la medida de tus posibilidades y recursos. La aceptación se da en forma tangible, generando pedidos o requiriendo de tu tiempo.

Si los resultados de tu producto o servicio resultan en perjuicios, en vez de beneficios, suspende tu proveeduría. No seas *co-creador* de daños. Puedes corregir o puedes suspender, y deja claro, que las razones, es por causar Confiabilidad, en proveer bien común, útil.

TÉCNICAS DE AYUDA: Evaluaciones de clientes; La voz del Cliente; NPS Clientes; Mapeo de Clientes; Grupos de identificación de áreas de oportunidad para satisfacción del cliente; Focus Groups; Inteligencia de Mercado; Reconocimiento a Clientes.

F7. CONEXIÓN

Se requiere de ir más allá del trabajo especializado que te toca hacer.

Se requiere conectarse con 2 dimensiones:

1. Con la Cadena productiva completa, para conocer la adaptación que necesitas hacer en tu especialidad, dadas las particularidades de tu sector productivo.

2. Conectar tu parte de competencias técnicas (*hard skills*) de tu oficio o tu carrera profesional, con tu parte sensible de tratar a la gente (*soft skills*), con Inteligencia Emocional para ensamblar tu especialidad, con los demás y con tus clientes internos y externos.

Se requiere conectarse con toda la cadena de trabajos, hasta llegar al cliente final. Hay que responder la pregunta: ¿para qué y para quién estoy haciendo lo que estoy haciendo?, luego de contestarse, volver a preguntarse: ¿para qué y para quién y qué sigue?, hasta llegar al final de la cadena: ¿cuál es el producto final resultante de la cadena? Esto te permite sentir y ver tu contribución en el resultado final de la cadena y, además, da sentido a lo que tú haces. Me refiero a seguir la cadena de actividad y el objetivo que se cumple con cada eslabón de la cadena de actividades.

Así es como se establece una cadena de eventos Confiables, y no que sólo uno de los eslabones sea Confiable. Así es como se establece la cadena de interrelación productiva y de Confiabilidad. Así es como se establece una organización Confiable, porque se persigue un objetivo final común, y todos tienen qué hacer bien el eslabón que les corresponde en la cadena productiva, además de colaborar con los demás eslabone, para cumplir juntos el objetivo final global.

Es muy importante, también, que se tenga y reconozca el mérito compartido, además del mérito individual. Ejemplo de lo anterior, es el de un albañil trabajando en una catedral, que cuando le preguntaron, en qué consistía su trabajo, contestó: *en acercar a los hombres a Dios*. El trabajador pone ladrillos, pero se da cuenta de toda la cadena, y percibe y siente, que es para acercar a los hombres a Dios, entonces, le hace mucho sentido poder contribuir.

La especialización te permite profundizar en un campo y concentrarte en el mismo, pero muchas veces, ocurre que la correcta solución se encuentra entre dos especialidades; esto es, en medio de las dos, o bien, se requiere de saber de las dos. En Construcción, sucede entre la especialidad de Arquitectura y la especialidad de Ingeniería Civil. Otro ejemplo es entre la especialidad de traumatología y neurología, en cuestiones de la columna vertebral, que tiene huesos, ligamentos y alambrado eléctrico, o sea, nervios. También sucede entre planeación estratégica y mercadotecnia en los negocios.

Conexión, entonces, es muy importante para dominar toda la cadena; si se puede, dominando cada especialidad, pero muchas veces, sabiendo de quién asesorarse, a quién comprar y a quién delegar.

También, hay que estar conectado entre lo que es el dominio de las especialidades, que se llama: *hard skills*, con la parte de dominar la sensibilidad, lograr consensos con la gente, negociación *ganar-ganar*, delegar logrando resultados acertados, que se llama *soft skills,* y también, estar conectado con la Ética y la honestidad para poder lograr resultados Confiables. *Hard skills*, *soft skills* y *Ética*: son tres pilares ideales en la estructura para ser Confiable. Quita uno de esos pilares y no hay Confiabilidad.

Es otra manera de expresar lo mismo que ya hemos escrito, es, que para ser Confiable, se requiere ser Ético y ser Competente y, desplegando el ser competente, resulta ser competente-racional y analítico en lo que haces, por lo que sabes, y ser competente-intuitivo y sensible con quien lo haces. No es lo mismo servirle a un niño, a un adulto, a una persona mayor, a una persona enferma, a una persona saludable, a una persona en situación de vulnerabilidad, a una persona con poder, a una empresa, gobierno, ama de casa, abogado, médico o a un ingeniero. Conocer a tu cliente para servirlo mejor.

En los puestos de jefe, es imprescindible tener en buena forma las 2 partes, tanto tener *hard skills*, de la especialidad que diriges, al menos dominar los *hard skills* de una especialidad fuerte, que te haga entender y sentir lo que diriges, y la de tener *softs skills* para tratar gente. Ambas son indispensables para el puesto de jefe. Profundizamos en esto al hablar de *Liderazgo Institucional*, en el *Factor 3* del *Modelo de Confiabilidad HO*.

Un ejemplo lo vemos en el comportamiento de esta pandemia, comparando la cultura japonesa y la cultura de muchos otros países.

Los japoneses usan cubre bocas desde antes de la pandemia, porque los que ya tienen una gripe lo usan para no contagiar a los demás. Pensar en los demás, en primera instancia, y decidir por conciencia e Inteligencia Emocional, la acción de cubrirse la boca, con todo y las molestias que ocasiona, aun cuando la persona no se sienta beneficiada directamente por el cubre bocas, pues la gripe ya la tiene, y no por eso se le va a quitar.

Mientras que, en otras culturas, piensa la mayoría que usar el cubre bocas es para no contagiarse a sí mismos, de tal manera que, cuando ellos ya traen el virus, consideran innecesario cubrirse, y dicen ¿ya para qué se cubren?

TÉCNICAS DE AYUDA: Mapeo de Procesos; Inteligencia Emocional en el Trabajo; Liderazgo.

F8.   PLANEACIÓN ANTES DE EJECUTAR

Se requiere de estudiar, planear y preparase, antes de la ejecución. De tener un plan suficientemente completo, antes de ejecutar. A veces, sobre la marcha, se va corrigiendo demasiado. Esto con lleva costos adicionales. Esto se nota durante la ejecución, donde salen muchas improvisaciones y desviaciones al presupuesto original. Está comprobado que, si le dedicas más tiempo efectivo a la Planeación, aunque cueste más, ahorras con creces, ya que la planeación genera una ejecución más fluida y eficiente que disminuye el costo total.

Otro aspecto relacionado con este punto es la prevención en lugar de la reacción, cuando ya sucedió el problema. Cuando se invierte en un bien, muchas veces, se omite el costo del mantenimiento y la problemática que acarreará ese bien. Es una falta de previsión tan terrible que puede condenar a esa inversión al fracaso. Es muy importante, en este punto, aprender a analizar, proyectar escenarios, diagnosticar, priorizar, tomar decisiones, consensar y gestionar de manera más completa.

Lo único correcto, desde el punto de vista de la Confiabilidad, es, que el trabajo se paga por hacer bien lo que se hace, no sólo por hacer el trabajo. Los 3 componentes de resultados son a tiempo, dentro del costo acordado y con la calidad y garantías especificadas. La planeación permite, precisamente que, de forma anticipada, preveas solucionar esos detalles de ejecución, que son defectos, fallas, retrabajos, incidentes y por supuesto, accidentes.

Se ahorraría tiempo valioso de mucha gente, errores y mucho retrabajo, con una planeación de lo que se hará, digamos, el día anterior y media hora antes de iniciar el trabajo. Además, si el trabajo es en conjunto de un equipo, urge esa media hora de planeación en equipo para ponerse de acuerdo antes de hacer el trabajo del día.

TÉCNICAS DE AYUDA: Manejo Efectivo de Juntas; Planeación Personal del Trabajo Profesional; Seguimiento a Puntos Críticos del Trabajo.

F9. DESPLEGAR, EFICIENTIZAR Y CONTROLAR INSUMOS

Una parte muy importante de la planeación es ensamblar lo que se hace en casa, con lo que se hace a través de terceros o proveedores. Hay una cultura que consiste en echar culpa a los demás y los proveedores se convierten en un foco de culpables. Echar las culpas a los demás. *Yo no fui*. Es un cáncer social.

Falta tomar la responsabilidad del *Sí SE PUEDE* y, para eso, tomar la responsabilidad de prepararse con todos los insumos, herramientas y equipamiento para poder hacer tu trabajo.

Es muy fácil decir, *yo estaba listo, pero el proveedor del equipo, o de las herramientas, o el responsable de traer esto o aquello, no estuvo listo*. Aquí hay que absorber el trabajo de planear con anticipación esos insumos, esas herramientas y ese equipamiento, asegurando con tiempo y seguimiento de detalle, la disponibilidad como función propia.

Se requiere de desplegar en blanco y negro, los insumos, herramientas y equipamiento necesarios para realizar la tarea, y optimizar los procesos de detalle contribuyentes al éxito de la tarea. Aquí se establece la diferencia de trabajar con calidad y Confiabilidad o no. Dominar y poder mejorar *el detalle del detalle*, del cómo se hace lo que se hace, es trabajar con calidad y Confiabilidad.

Es la diferencia entre tomarse en serio lo que haces o hacerlo al *ahi se va*. Imaginen un pianista concertista, un bailarín de alto nivel, un piloto de un avión B-787, un cirujano de corazón abierto, un corredor de autos Fórmula 1; ellos, de forma habitual, dominan *el detalle del detalle* de su intervención, si no, fracasan. Bueno, yo pregunto: ¿qué no debe ser lo mismo con otras profesiones, ingenieros, abogados, empresarios, políticos y funcionarios públicos, realizando su trabajo?

¿Por qué no habrían de ser igualmente responsables, si ambos afectan fuertemente la vida personal y las vidas de otros?

Hay 2 maneras de trabajar:

1. Trato de empezar la ejecución, sin contar con las herramientas adecuadas, ni la preparación mental necesaria para una ejecución de calidad.

2. Antes de empezar a ejecutar me aseguro de contar con todas las herramientas y materiales que necesito

y, además, un plano del trabajo que voy a realizar. Ya tengo control de todo, lo que generalmente se necesita en mi especialidad y aplico la *ley de Pareto*, para ya tener planeado y disponible lo que se necesita en la mayoría de las veces, y ahorrar el tiempo de ver lo que necesito llevar y comprar.

El punto 2 es el proceso que da Confiabilidad.

Una persona y un proceso son Confiables cuando haces a tu proveedor Confiable. Desarrollar proveedores Confiables es parte del *Modelo de Confiabilidad HO.*

Cuando se trata de armar algo comprado y se usan planos, lo primero que se explica, es, especialmente, el despliegue de todo lo que necesita tener antes de proceder a armar: la identificación clara y despliegue de cada componente.

Otra forma de interrelacionarse con proveedores de manera Confiable, es integrándolos muy bien a tu cadena productiva. Esto es, en el caso de que la tecnología de tu proveedor sea muy compleja y no sea fácil dominarla por ti para sumarla a tu empresa, o la inversión que requiere hacer esta integración esté fuera de tu alcance.

En la industria automotriz, sus proveedores estratégicos están en la misma línea de producción, trabajando codo a codo por el cliente, que es la Armadora.

TÉCNICAS DE AYUDA: Desarrollo de Proveedores; Abastos estratégicos y eficientes; *Ley de Pareto*; ERP (Software de Administración y logística); Evaluación de Proveedores; Cadena de Suministro; Logística; Supervisión a Proveedores y Contratistas.

F10.   EJECUCIÓN Y COMPROBACIÓN

Trabajar con eficiencia, productividad y calidad, sabiendo de antemano, que tu trabajo y el de los demás se va a medir en tiempo, cumplimiento, calidad y costo.

La hora de la verdad es cuando estás frente a una tarea que hay que realizar en determinado tiempo, frente a un compromiso, ya sea personal o acordado.

F10.1. Cuatro Mundos en la Ejecución

En el *Factor 2: Compromiso/Voluntad Organizada*, hablamos de 4 diferentes Mundos: el primero, de Ejecución en sí; el segundo, de los jefes, *coaches*; el tercero, del *staff*; el cuarto, de los jueces.

La ejecución de las tareas correspondientes en cada uno de estos 4 Mundos es distinta. La forma de pensar para la ejecución correcta de sus tareas también es distinta.

Los conflictos vienen cuando se confunden una forma de pensar buena para un Mundo, pero se aplica en otro de esos Mundos. Se pierde la Confiabilidad. Ejemplo, dar una orden contundente en el Mundo 3, pasando por encima de un cliente interno del Mundo 2, es poco Confiable.

En los momentos de la verdad, es el Mundo de la ejecución, sobre todo, Mundo 1 (el llamado de *línea*), el que es prioritario. El que desempeña el papel protagónico, siempre es el Mundo 1.

Por lo tanto, es importante darle esta prioridad en este factor al Mundo 1, al Mundo de la *línea*, en su ejecución.

Los que pertenecen a los otros 3 Mundos, deben darles la importancia y el reconocimiento a los integrantes del Mundo 1, para que, en los momentos de la verdad, haya éxito.

Es a este Mundo 1 al que me voy a referir en seguida.

El Mundo 2, de dar Dirección, guía y liderazgo, lo traté en el *Factor 3: Liderazgo Institucional,* de este *Modelo de Confiabilidad HO*.

El Mundo 3, del *Staff* y el Mundo 4, de los Jueces, los trato en esta sección, al final.

F10.2. Objetivos básicos para alcanzar en el Mundo 1, de la Ejecución

- Estandarizar y homogenizar la mejor práctica.
- Cero fallas.
- Hacerlo bien desde la primera vez.
- Cero accidentes.
- Cumplimiento en el tiempo acordado.

F10.3. Pensar, Sentir, Actuar y Comprobar

Pensar para actuar, habíamos dicho que es diferente que pensar para pensar o reflexionar, o pensar para hablar o decir.

En la ejecución del trabajo se trata de pensar activamente para actuar, realizar, hacerlo correctamente, sin fallas. Hechos, realizaciones, acciones, decisiones, realidades. Concentración en el momento y acondicionamiento en las tareas, es crucial.

El grupo neuronal de la mente que se encarga de lanzar la ejecución, está más conectado con los músculos, para hacer, para realizar algo con las manos, brazos, piernas, pies y el resto del cuerpo, que el grupo neuronal de pensamientos, el encargado para hablar o para reflexionar.

En la Ejecución de tareas, debes estar acondicionado físicamente para el trabajo.

Acondicionado, significa, que tu cuerpo debe tener una rutina bien adaptada para realizar los movimientos precisos, necesarios. Es tu cuerpo y la memoria celular de los músculos de tu cuerpo, la que juega la mayor parte del desempeño en la ejecución de tareas. Esto demanda Práctica y Horas de Vuelo para realizar con eficacia las tareas.

Y cuando la tarea es delicada, lleva riesgos de accidentes; se vuelve, entonces, más crítico. Riesgos para sí mismo es una cosa, y riesgos para terceras personas, lo hace todavía más delicado y crítico.

La concentración en el hoy, en la tarea, de tal forma que, los 5 sentidos estén en lo mismo, bien acondicionados y sincronizados, es crucial.

Cuando se trata de este enfoque a la ejecución, la mente, no puede estar distraída con otras tareas mentales de crítica, de especulación, de reflexión, de cosas nuevas de disrupción. En este Mundo de la ejecución, no se puede ser *multitask* en un momento dado, porque cometes errores. *Estás o no estás*. Si en el segundo preciso, *no estás*, no va a salir la tarea bien. *Estar,* significa, con todos tus sentidos y sincronizado con tu *target,* con tu objetivo. Unidad entre tu propósito, intención, pensamiento enfocado, cuerpo acondicionado, realización precisa en cada microsegundo y unión con tu objetivo para tener buen resultado. No hay otra opción. Tú te das cuenta de todo el ciclo de tu desempeño, aciertos, fallas; y cuando te perfeccionas en tu hacer, sientes ser autosuficiente y completo en un ciclo de tu vida. Es una retroalimentación mágica y universal. Sientes la realización, recibes información acerca de ti, de parte del universo.

Me imagino que es lo que siente el águila cuando vuela y emprende una maniobra, empicada y recoge su alimento, digamos, del mar, con precisión; cuando la ardilla vuela, saltando de un árbol al otro; cuando el delfín nada y sale del agua con una pirueta y su entrada al agua es impecable. Se siente, *hice lo correcto,* y el resultado es consecuencia de lo que hice. Gracias por haber conseguido el resultado buscado, o bien, si el resultado no fue lo esperado, entonces, tengo que aprender más porque no pude, quizá un poco de ambas, porque sólo conseguí parte de lo buscado. Retroalimentación mágica del universo. Busco, realizo y encuentro.

En este Mundo de la ejecución, lo urgente cobra más prioridad que lo importante. Entregar a tiempo es más importante que inventar otro método mejor.

No todos los jefes entienden esta necesidad de concentración y de no distracción, tampoco no todos los ejecutores lo entienden. Se hace un gran perjuicio cuando la mentalidad que impera erróneamente en el Mundo del *hacer* (el Mundo 1), es el pensar para criticar, pensar para especular y pensar para filosofar, politizar y hablar. Cuando esto sucede, entonces, el actuar y las decisiones de actuar, se inhiben, y la pasividad entra a gobernar al Mundo del *hacer*. Grave crisis. Emergen tangentes que pretenden sustituir el buen hacer con el buen decir. Por ejemplo: querer ver el negocio en los tribunales, en la política, en lugar de la libre competencia, demostrando con hechos la valía del producto o del servicio por su valor inherente (diseño, Confiabilidad, entrega, usabilidad útil, garantía, patente, precio). En esta crisis, nadie hace, nadie realiza, porque nadie se quiere equivocar para no ser criticado y menospreciado. Así son las organizaciones burocráticas regidas por un interés ideológico o político. Es también, cuando el comentarista, que se supone muy inteligente del deporte, critica al deportista, pero no lo sabe dirigir; es también cuando el comentarista taurino, muestra saber más que el torero, pero no se atreve a torear.

Como ya mencioné anteriormente, la disposición emocional para enfrentar estas tareas es muy importante, pues como dicen los buenos chefs: *si estás de mal humor o en conflicto emocional, indispuesto emocionalmente, distraído, o acongojado, el platillo sale y sabe mal*. Lo mismo lo dice el piloto de aviación, *si estás en conflicto emocional grave, no vueles*.

Hard skills y *soft skills* son necesarias para el desempeño de estas tareas de ejecución; *Mente sana, en cuerpo sano*, con espíritu en paz. Para poder lograr la concentración, tienes que vencer a tu enemigo interno, que es la distracción, por un lado, y la adversidad, por el otro. Estás entre la espada y la pared.

F10.4. *Método HO* para lograr Objetivos de Excelencia

Para lograr hacer bien lo que se hace, no se trata de sólo hacerlo y ya, sino que, con ello, puedas aspirar a la excelencia. Se requiere ser experto en lo que se hace.

Ser experto en lo que se hace no se consigue gratis ni rápido. Cuesta sacrificio, porque generalmente te fuerza realizar actividades que son pesadas, física o emocionalmente. Si el cuerpo no está listo, hay que acondicionarlo, y cuesta.

Además, hay que saber, para hacer.

En el mundo físico y natural, se explica con el ejemplo de: *No te subas al árbol si no sabes cómo bajarte*. Aunque al principio, no requieras saber bajarte, después lo vas a requerir, y si no lo sabes, vas a estar en graves problemas en su momento.

Aplicar esto a cualquier especialidad u oficio.

Cuando te dedicas a un oficio, vives de él y otras personas dependen de tu oficio: es irresponsable no llegar a ser experto.

Lo ético es ser Confiable, y para ser Confiable, requieres ser experto en tu oficio principal. Aunque algunas cosas no te gusten, hay que hacerlas, por ejemplo, comprobar.

1. Primero, recorre el proceso completo con la mente. Ejemplo: los competidores en pistas, primero, recorren la pista caminando, y la dominan mentalmente.

2. Identifica los requerimientos de esfuerzo, energía, concentración y habilidad, para cada parte del proceso completo. Esto es anticiparte a los posibles problemas y resolverlos antes.

3. Identifica riesgos posibles que te lleven a no cumplir los objetivos señalados en el Punto 2, objetivos básicos a alcanzar en el Mundo 1, de la Ejecución. Esto es anticiparte a los posibles problemas y resolverlos mentalmente, antes de que se te presenten.

4. Califica los riesgos según frecuencia y gravedad. Esto es muy importante para dominar el proceso, y no que el proceso te domine a ti. Identifica cuáles son los riesgos e identifica también la gravedad de cada uno de esos riesgos. Luego, identifica, para cada uno de

esos riesgos, la frecuencia con la que ocurren. Experimenta en cabeza ajena, conociendo lo que pasa a otros que ejecutan ese proceso. En estas actividades siempre hay historia. Las actividades que no tienen historia son las de innovación, y esas las veremos en el *Factor 15: Mejora Continua e Innovación,* del *Modelo de Confiabilidad HO*.

5. Hay que aplicar la *Ley de Pareto,* y concentrarte en aquellos riesgos graves y aquellos riesgos frecuentes para ver cómo los vas a evitar.

6. Enfocar cómo debe ser la ejecución para evitar esos riesgos; cómo debes reforzar tu concentración, tus habilidades o tu equipo de soporte para ello.

7. Probarlo hasta que lo domines (*Trial and error*).

8. Realizar la ejecución completa, mediante el proceso normal de la curva de aprendizaje, señalando y midiendo los 4 niveles de dominio:

    1- Principiante.

    2- Intermedio.

    3- Avanzado.

    4- Experto o Maestro.

Primero, como Principiante, hacerlo con ayuda o supervisión.

Segundo, como Intermedio, progresando en las partes más fáciles del proceso completo hasta dominarlas.

Tercero, como Avanzado, dominar las etapas y actividades más difíciles.

Finalmente, como Experto, actuar sin supervisión, y tú ya puedes supervisar y enseñar todo el proceso y sus partes a otros.

Realizar este *Método HO* te enseña a vivir la vida. Pues la vida es un viaje de perfección, aprendiendo para mejorar y ser más competentes en ser útiles, en crear valor.

Este *Método HO*, te da dominio sobre cosas materiales; pero, al obtener ese dominio, te obliga a tener humildad, reconocer tus limitaciones y tener que pagar un precio. La humildad te sirve para tu vida y para ser Confiable.

Es la mejor educación que puedes dar a tus hijos. Te enseña, a que primero, es ocuparte bien y luego, viene la felicidad en forma de satisfacción interna. La felicidad viene como consecuencia.

Te enseña a conseguir algo que vale la pena, pero que requiere esfuerzo y sacrificio, que es lo que te da una satisfacción mayor que los placeres inmediatos, sin proceso alguno de perfección, que generan un sentimiento de insaciabilidad.

Posponer la gratificación es indispensable para poder hacer un buen trabajo, bien hecho, bien comprobado.

Tu cuerpo tiende al camino fácil, al confort siempre y, por otro lado, el trabajo, muchas veces, demanda actividades que no se conforman dentro de lo que es ese confort. Aquí es trabajar contra la corriente e inercia natural, al principio. ¿Sacrificio? Pues sí, vale, y esfuerzo, también. Sin embargo, el cuerpo, al forzarlo para bien, se llega a adaptar, y creas un nuevo nivel de confort que es más satisfactorio.

Volver a retar a tu cuerpo a nuevos niveles de adaptación es la norma de toda persona Confiable. Cuando se crea valor, vale la pena.

F10.5. Campos de la Inteligencia Emocional

La Inteligencia Emocional señala 4 Campos básicos:

El primer Campo es poderte llevar bien con los demás, porque tú puedes llevarte bien contigo mismo, entiendes y manejas bien tus emociones y puedes entender las de los demás.

El segundo Campo, es concentrarte en lo tuyo, con objetividad, control de impulsos y tolerancia a la presión, sin salirte de tus casillas, sin perder el control emocional, fluyendo hacia tu objetivo, con estabilidad emocional.

El tercer Campo, es inspirar a los demás y atraerlos como imán. Irradiar magnetismo por tu química, por tu seguridad en ti mismo, por tu orientación a ver por los demás y apoyar.

El cuarto Campo, es fluir con el universo en general, en equilibrio, lo que se puede llamar: inteligencia espiritual, ubicando el contexto de la vida con la muerte. La Inteligencia Emocional de una conciencia superior, o como le dicen en Oriente, *Iluminada*. Buda o Cristo. En donde ya no eres vulnerable y trasciendes.

En el tema de la Ejecución, cuando hablo de una correcta disposición emocional, en cualquier de los 4 Mundos especificados en el *Factor 2: Compromiso/Voluntad Organizada*, la prioridad es el segundo Campo de la Inteligencia Emocional, del autocontrol, poder fluir tú mismo con lograr el objetivo de manera estable, eficiente, impecable y Confiable. La estabilidad emocional es imprescindible, porque el entorno es de adversidad y presión. Para esto se requiere CARÁCTER, y su formación es lenta y a base de prueba y error.

En el Mundo 1, de *línea*, es más prioritaria esta disposición de Carácter, porque en el momento de la verdad, el negocio, producto, servicio, asunto, juego y concierto, depende 100% de ellos, de los participantes del Mundo 1.

En el tema de perfilamiento humano, la dosis de la variable Estabilidad, o dicho de otra manera, Constancia y perfeccionamiento de los detalles y del uso de los microsegundos en el tiempo, es vital; es lo que hace la diferencia en la realización excelente, regular, mediocre o mala.

Ser Confiable significa realizar la tarea bien, evitar y minimizar riesgos, haber planeado el resultado y conseguirlo; haberse preparado y entrenado muchas veces; estar comprometido con alta motivación personal y, de ser posible, con pasión; ser feliz en y con lo que haces, además de tener un entorno que favorezca esa motivación.

El mayor premio para los amantes de su trabajo, en el Mundo 1, de *línea*, donde hay mucha ejecución, es el trabajo mismo, porque les permite estar en su Mundo. Donde hay ciclos que empiezan, duran y terminan, vuelven a comenzar y van perfeccionándose; que hacen que la persona esté concentrada y fluyendo con su mente, cuerpo, espíritu y su objetivo tangible. Para que salga bien se requiere esa conexión con el universo, en el aquí y el ahora, esa sincronización en el tiempo, de varios movimientos de cuerpo, de sincronización de vista, sonido, tacto, movimiento, ritmo, toque, *timing*, con un resultado, con un fruto, con un logro, con un final.

Cuando estás ocupado, concentrado, ese es tu Mundo; lo demás, sale sobrando en esos momentos. Eres tú, con tu tarea y tu objetivo y tu resultado. Esa unión de ti, con tu ejecución y con tu resultado, es sentirte autosuficiente, dentro de ese tiempo. Es un tiempo de realización personal.

Casos que ilustran muy bien este punto, es la ejecución de tareas en la aviación por parte del piloto y copiloto; tareas en la conducción de tráiler en la carretera, con cargas peligrosas; tareas de cirugía en el quirófano, de corazón abierto y trasplantes de órganos; tareas de conexión en caliente de cables de alta tensión, en transmisión eléctrica; tareas de conteo de glóbulos rojos en el laboratorio; tareas de tocar, cantar o bailar en un concierto; tarea de correr como piloto de Fórmula 1 o motocicleta durante la carrera, torneos deportivos y olimpiadas.

Pero también barrer, limpiar, hacer el aseo, la comida, poner ladrillos, sembrar, cortar leña, cosechar, llevar la contabilidad, hacer carpintería, mecánica, soldador, eléctrico, operador de producción, prensa, torno, fresadora, cortadora, máquinas de control unitario y ensamble, son tareas de ejecución, que requieren de alta concentración y pertenecen a este Mundo 1.

F10.6. Ejerce tu Libertad escogiendo tu Vocación

Es tan importante este Mundo de la ejecución que, para poder hacer bien estas tareas de cada oficio, de cada especialización, se requiere de tanto tiempo y dedicación, que se te va la vida. Tanto acondicionamiento mental y físico para hacerla bien y reduciendo riesgos de falla, que no le es posible, al ser humano, poder dominar muchas especialidades durante su vida de, digamos, cien años, porque no tiene el tiempo necesario para poder dominarlas y ejecutarlas bien. Falta tiempo. Te dedicas a una de ellas o a otra, pero no puedes hacer demasiadas. Además, hay algunas que se contraponen en ciertos aspectos entre sí. Por ejemplo, no hay nadie que haya podido ser campeón boxeador, buen concertista de violín, campeón piloto de automóvil de carreras en Fórmula 1 y buen doctor cirujano al mismo tiempo. Es casi imposible, pues no hay tiempo suficiente en la vida para adquirir las habilidades y el acondicionamiento físico y mental para lograr dominar esas especialidades.

Hay que escoger, para hacer bien, lo que hay que hacer. Es cuando se ejercita tu propia libertad; escoger, no puedes todo. Se requiere Carácter. Hay que educar en la libertad, para elegir entre muchas cosas. En escoger tu vocación y tu devoción, en ubicarte en ese contexto de la vida total y real, de la muerte (Cuarto Campo de la Inteligencia Emocional: ubicarse en el contexto de la vida y la muerte, la vida propia y la vida familiar).

Pero lo que escojas, hacerlo de manera Confiable, si no, sería traicionar tu propia selección de lo que elegiste, y tu cuerpo lo entenderá como incongruencia. Y la incongruencia se nota, enferma.

Dentro de este Mundo de la estabilidad y la búsqueda de la perfección, hay que evitar la neurosis por la perfección en el Mundo de la Ejecución, que también puede ser un enemigo interior. El Cuarto Campo mencionado en la Inteligencia Emocional, el de ubicarse en el contexto universal, con espíritu de paz y conexión, evita la neurosis de la perfección en tu oficio. En otras palabras, la enajenación. Y esta enajenación se evita cuando ubicas el contexto de la vida dentro del espacio, donde hay otras cosas qué hacer y conviene hacer, escogiendo, dentro de tu libertad y tu capacidad, de acuerdo a los ciclos de tu vida, el balance con lo que demanda tu familia en los diferentes momentos de su evolución. Esto es crucial.

F10.7. Continuidad contra Disrupción por innovación

Dijimos que, en este Mundo de la Ejecución, de la operación continua, no se puede hacer, al mismo tiempo, la precisión de la práctica aprendida (submundo operativo) con la creatividad de innovar otra diferente, todavía no aprendida; quiero decir, hacer algo nuevo (submundo innovativo) y la continuidad operativa, causan problemas, causan posibles fallas.

¿Cómo hacerle para poder estar en lo mejor de los 2 submundos ya que ambos se necesitan?

- Crear un espacio que no afecte negativamente la continuidad de la operación con lo ya conocido y, en ese espacio, probar nuevos métodos y cambios.

- Formar un equipo de gente con experiencia y demostrada Confiabilidad, para innovar y tener protocolos de desempeño en cuanto a medición y límites para actuar.

- Ya que, en plan piloto, se haya demostrado valor, entonces, introducir en la línea de operaciones mediante una aplicación de una curva de experiencia.

De tal forma, que la empresa siga con:

- Hacer bien lo que hace, desde la primera vez, en tareas repetitivas, y lo que no, se registra como retrabajo.

- Innovar y actualizarse mediante protocolos que se conjuguen bien para evitar una disrupción del servicio al cliente y de lo bien hecho del punto anterior (ejemplo, cuando se hacen reparaciones en carreteras, y se hacen desviaciones tan bien hechas, que no causan, ninguna molestia a los *clientes-usuarios-conductores-pasajeros*).

- Introducir la innovación a la operación con Confiabilidad, y manejando la curva de experiencia, seleccionando un campo de arranque focalizado, y en la medida de su funcionamiento, extenderlo.

- Meterlo al carril de cero fallas y de hacerlo bien desde la primera vez.

Para llenar este espacio creativo hay muchas maneras, según la complejidad del producto, servicio o proceso, que se desea innovar, reingenierizar o actualizar.

Primero, entender bien los pasos y los protocolos que se requieren para innovar.

Innovar no es tener ocurrencias y ya. Eso es mezquino, especulativo, anecdótico, cuando no se acompaña del proceso para llevar esa creatividad a su realización o implementación.

La parte de Innovación más profunda y sus conceptos se verán más adelante en el *Factor 15: Mejora Continua e Innovación*.

F10.8. Comprobación

Existen 3 medios de primera instancia de comprobación de la ejecución:

1. Mientras ejecutas.
2. Reporte final del evento, del turno, del juego, con parámetros apropiados de desempeño.
3. Reporte externo de evaluación del resultado final.

Los 3 medios son muy importantes de realizar para lograr Confiabilidad.

Mientras ejecutas, el propio ejecutor siente y percibe si fue acertado o no y puede ir corrigiendo en el transcurso del evento.

El reporte final del evento o turno o juego, hay que hacerlo al final de la jornada.

Algunos ejemplos de reporte son los siguientes

- En aviación: a las 11:00 pm, diariamente, cuando llega y aterriza el último vuelo del día, se hace un recuento inmediato de cómo fue la puntualidad de todos los vuelos; cuál fue el porcentaje de ocupación de los vuelos; los incidentes ocurridos que no llegaron a accidentes, y accidentes (si es que los hubo), o si no, el buen mensaje de cero accidentes; fallas del equipo en tiempo, como porcentaje del tiempo útil, o si no, el buen mensaje de cero fallas del equipo. Es una comparación diaria entre desempeño real y objetivos buscados.

- En producción: al final del turno, total de lo producido en kilogramos con calidad de primera y total de kilogramos producidos con calidad de segunda; desperdicio como porcentaje de lo producido, calidad de la materia prima recibida; costo directo incurrido contra costo directo presupuestado; cumplimiento de entregas al cliente dentro y fuera de tiempo; puntualidad y asistencia del equipo de trabajo; tiempos muertos por fallas del equipo; tiempo extra; retrabajos; accidentes ocurridos. Es una comparación por turno entre desempeño real y objetivos buscados.

- En un juego de basquetbol: resultado *final score*; porcentaje de canastas anotadas, del total tiradas; rebotes obtenidos a favor y en contra; robos de balón

- a favor y en contra; porcentaje de puntos de tiros libres anotados; asistencias favorables y asistencias falladas; lesiones; incidentes deportivos.

- En trabajo personal: intentos realizados contra aciertos logrados; fallas incurridas como porcentaje del total de la actuación; porcentaje del tiempo en condiciones óptimas de energía, contra porcentaje del tiempo en condiciones bajas de energía.

En cuanto al reporte de evaluación por terceros, es importante, hacer notar, que ese reporte, puede provenir de varias fuentes:

- Del cliente.
- De usuarios.
- De testigos o espectadores.
- De expertos o comentaristas o prensa.
- Del *coach* o técnicos del equipo.
- De la competencia.

Cada uno de estos públicos, arroja información desde su perspectiva y, por tanto, esta información debe ser tomada relativamente a esas perspectivas.

El mensaje, con estas evaluaciones, es que estamos en casa de cristal, y eso nos lleva a siempre estar dispuestos a encarar la verdad; nuestras acciones se notan, así como nuestro cuerpo nota nuestras congruencias o incongruencias, y a entender los diferentes tamices de la verdad, según las diferentes perspectivas.

De hecho, tu propia mente arroja diferentes perspectivas, según el grupo neuronal que esté activo. Si está más activo el grupo neuronal de pensamiento lógico, te habla de la cronología del evento y manejo del tiempo. Si el que está activo, es el visionario, te da la perspectiva del deber ser o de lo que podría haber sido. Si el que está activo es el analítico, te habla de las fallas incurridas y las causas de esas fallas. Si está activo el intuitivo, te habla de quiénes y con cuál estado de ánimo tienen las personas involucradas en el evento.

¿Cuál perspectiva es la verdadera?

La tesis de este libro es que las personas y las organizaciones Confiables, toman las 4 perspectivas, toman las perspectivas de los diferentes participantes: de los optimistas, de los pesimistas y los centrados, sólo como referencia para usarlas en hacer el propio diagnóstico final, y así es como son capaces de catapultarse a ser mejores. Por el contrario, los que toman sólo su perspectiva única, y la hacen su ley, son las personas y organizaciones poco Confiables, que tarde o temprano, fracasan.

Generalmente, en empresas muy sofisticadas en su administración, realizan reportes con el enfoque de Confiabilidad, siendo que debiera crearse e inculcar esta mentalidad de hacerlo, aún en forma sencilla e incipiente, en todas las actuaciones, sean de empresas o sea de individuos. Hay que crear la cultura de hacerlo en forma sencilla. Por ejemplo, en el deporte del béisbol, es muy numérico y la gente que practica y gusta de este deporte, en forma automática, recibe esta costumbre de medición del desempeño, y es muy fácil y natural para ellos, transportar esta cultura a su trabajo y a su vida familiar (*score*, carreras a favor y carreras en contra, en 9 episodios. 3 *strikes* y 4 bolas como límites para batear y los *fauls* no cuentan. Ponche, base por bolas, hit sencillo, doble, triple o *home run*, como resultados posibles en el bateo. En el fildeo 3 *outs*, con marcación de errores y aciertos). Los niños lo aprenden muy bien. La cultura de Estados Unidos fue muy marcada por el béisbol, y así son de organizados en el trabajo, y les da una ventaja de Confiabilidad.

F10.9. Ejecución en el Mundo 3, el Mundo del Staff

En este Mundo 3, se da la función de la administración con su contabilidad y finanzas, la función del soporte al capital humano, la ingeniería de proyectos, la tecnología de procesos productivos, la tecnología de información, el soporte jurídico y legal, el aseguramiento de la Confiabilidad.

Pensar para Hacer, igualmente que lo ya mencionado, requiere de la alta concentración y de la práctica en cada una de estas funciones.

La diferencia entre las personas del Mundo 1 y del Mundo 3, es que las personas del Mundo 3 no son directamente responsables del *score* de los resultados habidos con el cliente, de cada producto o servicio que se entrega, y que forman el llamado: *core business,* el tronco del negocio.

Entonces, el enfoque de la ejecución nos lleva a qué hacer con tu especialidad para apoyar a que el *score* con el cliente sea bueno, sin ser responsable directo del *core business,* sino de parte del entorno que envuelve al Mundo 1, que es el directamente responsable de lograr un buen *score*.

Lo que hay que agregar en el enfoque de los participantes en este Mundo 3, es la colaboración para dar apoyo y soporte a los que se encuentran en el Mundo 1, y la ejecución de la función para lograr un entorno favorable al negocio, al juego, a la institución, a la empresa.

En lo general, el *Pensar para Hacer*, en este Mundo 3, no tiene una rutina operativa diaria tan rígida como el Mundo 1, sino que, el tiempo de la ejecución de tareas tiene algo más de espacio y holgura para realizarse en donde hay más oportunidad para reflexionar, plantear soluciones y opciones distintas. Más tiempo para analizar, evaluar, y luego, tomar la decisión.

Es más difícil tener medidas físicas, lógicas y tangibles en el Mundo 3.

Por tanto, los resultados obtenidos en la gestión del Mundo 3, son más ambiguos, más etéreos. Sin embargo, hay toda una tendencia, para cada vez más, precisar su medición y su comprobación.

El perfil de los participantes de este Mundo 3, es un poco más pensador y menos ejecutor, en comparación con los participantes del Mundo 1, así como más opciones y diversificación de posibilidades para moverse que los participantes del Mundo 1.

La recomendación de este libro, en el Mundo 3, es enfocar sus tareas a quiénes son sus clientes internos y tratarlos con toda la metodología aquí mencionada de los 6 pasos para organizar la interrelación Proveedor-Cliente-Usuario. Esto los lleva a ser más colaborativos y efectivos para realizar su función y, además, da ejemplo a los del Mundo 1 de cómo deben ellos atender a sus clientes.

Si los del Mundo 1 se sienten maltratados por los del Mundo 3, se nota una incongruencia organizacional que tarde o temprano, repercute negativamente en la cadena productiva hasta el cliente final (¿aquí, siendo yo el cliente interno del *staff*, soy maltratado, o sea, con baja Confiabilidad y quiere la empresa que, eso sí, yo trate muy bien al cliente final?, ¿cómo es eso?).

En algunos lugares, es común que suceda, que los del Mundo 3, sin ensuciarse las manos, sean los privilegiados, en términos de trato, estatus y remuneración económica. Se comete un grave error, porque entonces se convierte en una incongruencia organizacional sentida, en que los actores del *core business,* resultan menospreciados, y con ellos, van directamente los clientes, pues son su canal directo. Es un atentado contra sí mismos y contra la parte más crítica de la organización: *los clientes*, razón de existir de la empresa.

Tampoco es correcto, menospreciar a los del Mundo 3 en la organización, haciendo que no tengan ninguna autoridad.

Es como en una buena familia: hay papá y mamá, ambos tienen autoridad, ambos tienen una parte de trabajo importante que dirigir y tomar decisiones en armonía, ambos tienen una especialidad u oficio con la cual contribuir a ese bien común de la familia.

Lo único correcto es explicitar los roles de ambos Mundos, en cada caso de interacción de momentos de la verdad, y aclarar roles y autoridades correspondientes, además de mucho trabajo en equipo. Valuar los puestos profesionalmente y remunerar de acuerdo a criterios de Alta Confiabilidad profesional, y no criterios subjetivos de: *yo creo, o así me gusta, porque yo soy el jefe.*

Ejemplo: en ciertos casos conviene que el titular de administración (Mundo 3) prohíba una operación con un cliente por falta de pago, falta de crédito autorizado en el ejercicio de la cobranza. Sin embargo, antes de hacerlo, unilateralmente, debe de agotar la comunicación y los intentos de cobranza con el ejecutivo comercial, encargado de atender a ese cliente (entendiendo que en el Mundo 1, le han dedicado mucho tiempo a ese cliente y no se desea perder).

Otro ejemplo: el titular de la función de Recursos Humanos puede prohibir la entrada de una persona, con evidencia de estado de ebriedad, con alcohol o drogado, siempre y cuando exista una política establecida con su reglamento y procedimiento correspondiente; pero de nuevo, trabajando codo a codo, en equipo, con el jefe de área correspondiente para apoyarlo en lo que hay qué hacer para sustituirlo. Si el propio jefe es el que habla con la persona, mejor; claro, asesorado por Recursos Humanos.

Otro ejemplo: el titular de la función de Tecnología de Procesos puede prohibir la modificación de una fórmula de condiciones críticas de operación por razones de tecnología que afectan al producto o servicio y, es posible, que se genere una controversia entre el Mundo 3 y el Mundo 1. Esta controversia se tiene que resolver por la vía del jefe que sea común para ambos, con objeto de respetar la unidad de mando. La recomendación es que la gente de tecnología apoye de manera objetiva y colaborativa en el ejercicio de la creatividad, para encontrar mejores soluciones para el producto y el cliente, compartiendo información de valor tecnológico importante.

Existen muchos otros casos de ayudar a los miembros del Mundo 1 para que hagan un mejor trabajo, con la asesoría y colaboración del Mundo 3, trabajando codo a codo, y delimitando, con una carta de responsabilidades, los diferentes roles clasificados así:

VETO	Director General Responsable de autorizar o vetar actividades, proyectos o resultados
RESPONSABLE DIRECTO	Inicia y termina la actividad asegurando Confiabilidad
ASESORÍA Y SOPORTE	Da soporte técnico en un aspecto especializado de la actividad
ESTAR INFORMADO	Testigos o gentes que deben estar informados para prepararse para actuar

Enseñar a trabajar en equipo, con diferentes roles, pero tan claros y entendidos como en el béisbol, o con una carta de responsabilidades y roles como la anterior, es una de las mejores formas de lograr Confiabilidad. Unos y otros, con diferentes perspectivas, confluyen para un mejor resultado. Aquí se da la sinergia que es: *1+1 son 3*. Cuando hay creación de valor, en el intercambio de 2 personas se hacen 3, porque es uno, es el otro y es el valor agregado el que genera una sinergia y multiplica. Esta es una fuerza muy valiosa que no todos saben explorar ni entender, y menos utilizar para un mayor bien.

Los 4 roles anteriores, deben tener todos y cada uno, la premisa de colaboración entre todos, pues siempre existen interfaces entre los roles y espacios que deben ser llenados con buena voluntad y colaboración para completar los ciclos de trabajo. Esta colaboración es tan importante que es la que establece el *Factor 1*, de este *Modelo de Confiabilidad HO*.

F10.10. Ejecución en el Mundo 4, el Mundo de los Jueces

La actuación en este Mundo 4, es la decisión de juicio sobre si es válida o no la acción de los actores, ya sea en el Mundo 1, Mundo 2, o en el Mundo 3, según sea el caso.

Inspectores; consultores contratados; personas de Hacienda y del gobierno; árbitros en el futbol; ampáyeres en el béisbol; jueces de línea; réferis en el box; jueces magistrados; jueces mercantiles; entre otros. Estos se apoyan para tener autoridad en leyes y reglamentos autorizados, que ellos, por un nombramiento oficial, les es permitido aplicar.

Pensar para decidir en base a un juicio de objetividad. No es un pensar para realizar tareas propias de los actores a quienes juzga, no es un pensar para hacer mejor o peor la labor, sino sólo para juzgar un resultado, independientemente de las intenciones y maneras de hacerlo o haberlo querido hacer. Para poder asegurar su Confiabilidad necesita no tener Intereses en Conflicto, no ser parte para poder ser juez.

Pensar para evaluar y pensar para decidir un dictamen, pertenece al Mundo de los pensamientos analíticos y lógicos, principalmente. Ellos deben tener una Inteligencia Emocional tal, que puedan ponerse por encima de sentimientos e impresiones emocionales espectaculares.

Objetividad, comprobación y evidencias de causas que estén concatenadas, es fundamental en el pensar, sentir y actuar de los participantes de este Mundo 4. La acción exacta como fue, no inventada ni imaginada, y de ser posible, debe ser filmada y bien documentada. Estos son los ingredientes fundamentales:

- La ley y las reglas de juego.
- La capacidad personal de juicio, objetiva y asertivamente.

- Sin contaminar la decisión por sentimientos y simpatías que desvíen la verdad.

- Finalmente, la disposición adecuada de Inteligencia Emocional para ser firme, sin causar, a propósito, conflictos humanos ni protagonismos que estorban.

Si se equivocan en que la gente de este Mundo 4, de Jueces, tengan este perfil, se ocasiona un daño muy grave a la Confiabilidad de la Comunidad.

Los errores en este Mundo 4, afectan directamente la Confiabilidad en todo el sector, a toda una empresa, a toda una comunidad.

El arbitraje vendido o incompetente, en el Futbol, o cualquier deporte, destruye el deporte.

El arbitraje vendido o incompetente de unas elecciones políticas, destruye, no sólo la política, sino la comunidad.

Los que ganan o pierden con estos errores del Mundo 4, se reperfilan y actúan con esos dictámenes de los jueces, y se adaptan a lo que haya qué hacer para conseguir un veredicto favorable del juez. Ellos, entonces, son los culpables, en gran medida, de crear y alimentar una cultura de baja Confiabilidad, pues inducen una alineación de comportamientos indignos y fraudulentos.

Los disparadores fundamentales de errores, en este Mundo 4, son: Falta de Honestidad, de Ética y Verdad; la premisa básica de la Confiabilidad; el Conflicto de Interés; la falta de conocimiento de la ley y reglamentos; además de la falta de suficiente experiencia, bien capitalizada.

Por el contrario, la buena y Confiable actuación de los Jueces del Mundo 4, alinea los comportamientos de la comunidad a que se eleven y genere un desarrollo humano valioso.

Un ejemplo en las empresas es el proceso de licitaciones para concursos de proveedores. En el ejercicio de juzgar a los concursantes, es un acto que pertenece al Mundo 4, y se convierte en gran referente social para la Confiabilidad.

El motor más poderoso para impulsar la competitividad, la Confiabilidad, los méritos y logros valiosos, son las licitaciones bien hechas, donde gana el mejor, donde se explica por qué ganó, no necesariamente por ser el más barato, sino el que tiene la mejor relación de garantías y Confiabilidad demostrada, en relación a su precio; hay congruencia con la realidad sentida por el sector que conoce a los concursantes.

Decisiones de ganadores en licitaciones y nombramientos de puestos superiores, son causantes de impactar la cultura real, en mucho mayor peso, que los discursos de valores y filosofía e ideologías. Hechos, pesan mucho más que las palabras, las buenas intenciones y promesas.

TÉCNICAS DE AYUDA: clasificación de grados de dominio del oficio; certificación técnica en el oficio; carta de responsabilidades para identificar y aclarar roles; estructuras *Lean* de organización; técnicas para análisis de fallas y toma de decisiones; administración y gestión de proyectos; enfoque a resultados; fortalezas del pensamiento.

F11.   CONTROL DE CALIDAD

F11.1. Enfoques de Control de Calidad

Existen 5 grandes enfoques en el Control de la Calidad:

1. El enfoque tradicional de Control de Calidad en la inspección final del producto terminado, antes de ser entregado al cliente.

2. El enfoque de realizar la inspección, no sólo al final, sino también en cada paso de la producción y en las materias primas.

3. El enfoque de extender la inspección del producto a lo largo de un tiempo determinado donde se encuentre el producto, trazando su destino.

4. El enfoque de controlar la calidad de los procesos para trabajar y producir el producto o servicios, en términos de Confiabilidad de lo que se hace, tanto de las condiciones de operación, del equipo, y de las formulaciones técnicas, así como de los procedimientos escritos, autorizados para la realización de la mano y el cerebro de obra.

5. Control estadístico de procesos, disminuyendo las variaciones y perfeccionado el proceso a prueba de desviaciones.

F11.2. Inspección

En los primeros 3 enfoques, la Función de Control de Calidad pertenece al Mundo 4, en cuanto a Compromiso Organizado, o sea, al Mundo de los Jueces, dando su evaluación y juicio. Entonces, el perfilamiento organizacional de las personas de Control de Calidad, son, como se estableció en el punto de Ejecución y Comprobación, correspondiente al Mundo 4.

En el caso de la organización de un país, en forma de república, el equivalente es el Poder Judicial, que se encarga del Mundo 4, del Mundo de los Jueces, del Mundo de la evaluación objetiva e imparcial.

Terceras personas certificadas, que representan el deber ser, sin Conflicto de Intereses, emiten su juicio de manera objetiva y dominan el conocimiento de las reglas del juego establecidas o del tema.

Estándares, especificaciones, prototipos, mediciones de laboratorio, contratos, comprobaciones, son algunos elementos que conforman esta especialidad.

Además, gran conocimiento estadístico para realizar las inspecciones, a veces exhaustivamente, a veces selectivamente, otras, por diferentes tipos de muestreos estadísticamente válidos.

Mediciones físicas, mediciones químicas, mediciones de conductividad eléctrica, magnéticas; a veces, se requiere destruir el producto, otras, sólo se deteriora y, en ocasiones, no se afecta, conforman esta especialidad. Olor, sabor, apariencia, color, tersura, viscosidad, resistencia, duración, toxicidad, pureza, partes por millón, inflamabilidad, son parámetros comunes en esta especialidad.

De nuevo: la perfección es una tendencia muy común y recomendable en este Mundo.

El conflicto natural con los participantes del Mundo 1, es: *no seas tan estricto, porque me afecta en mi desempeño, en cuanto al cumplimiento de entregas.* A veces, es causa de embojo y conflicto.

El conocimiento de las necesidades del cliente es muy importante para establecer los límites de toda esta multitud de especificaciones de medición.

La disposición emocional para explicar bien su especialidad es vital para superar los conflictos. Representa al cliente, y con ello, a la sociedad.

A veces, en lugar de obcecarse por cumplir una especificación, se personaliza o se clasifica, y pasa a ser usado el producto, con una advertencia por escrito, de que este producto tiene alguna falla o especificación especial, calidad de segunda o de tercera, por ejemplo, y tiene un uso diferente, específico, autorizado y válido.

Existe también, el control de calidad en los servicios. Ejemplo: en programaciones de software, existen una serie de pruebas de aplicación para demostrar si el programa es el que se espera, es ineficiente o está incompleto para lo que se va a usar.

En cuanto a conexión, más allá de la especialidad, es conveniente extender la competencia de Control de Calidad del producto o servicio, al Control de Calidad del proceso, para ir a las causas que producen el poder estar dentro de parámetros de calidad. Lo que sí ocasiona estar dentro de los límites y lo que ocasiona salirse de límites.

Esto es un grado de desarrollo superior del Control de Calidad. Este conocimiento y habilidad, se requiere cuando se pasa al enfoque de Control de Calidad en Procesos, que más adelante, comentaremos.

El otro aspecto estratégico de esta especialidad es el dictamen, cuando hay diferencias con el cliente final, en donde el cliente final, afirma que hay mala calidad. El fiel de la balanza, debe ser la medición objetiva de especificaciones y la credibilidad de la persona de Control de Calidad, su grado de *expertise* y su disposición emocional correcta.

La Confiabilidad de la empresa, depende mucho de que esta función de Control de Calidad sea de excelencia, sea ejemplar y reconocida por los clientes con alta credibilidad.

Cuando los clientes tienen la confianza en el juicio de estos especialistas, una decisión de Conflicto de Interés, entre proveedor y cliente, puede ser resuelta por la vía de la objetividad y la verdad, y es cuando se llega al más alto nivel de desempeño de esta especialidad. El reconocimiento a una persona con una vocación de experto excepcional. Para esto, se requieren muchas Horas de Vuelo y mucha profundidad en el conocimiento por encima de los demás.

Bajo el punto de vista de Confiabilidad, hay de expertos a expertos, y dar el reconocimiento al mejor de todos, es muy importante en la cultura de la Confiabilidad y la motivación de los demás, para seguir su camino y ejemplo.

F11.3. Control de Procesos

Respecto a los enfoques 4 y 5, que tienen que ver con Control de Calidad de los Procesos, es otra subespecialidad distinta. Esto requiere, no sólo de emitir juicios evaluativos de un producto o servicio ante unas condiciones determinadas, sino que requiere del conocimiento del *know how* profundo para producir o elaborar el servicio de que se trate, que tiene que ver con el diseño mismo de los procesos.

Tecnología química, mecánica, eléctrica, magnética, mecatrónica, hidráulica, energética, que tiene que ver con tecnología e ingenierías profundas. Cuando la complejidad de los procesos y los equipos es alta y requiere mucha profundidad de conocimientos, se recomienda que exista una función de Tecnología de Procesos, que dé soporte a la operación.

En el sector de la metal-mecánica y la automotriz, se le llama: Tecnología de Manufactura.

Que sea responsable de cambios a los procesos y de establecer las condiciones de proceso, sobre las cuales la operación debe funcionar, es una actividad perteneciente al Mundo 3, el Mundo del *Staff*, y trabaja, codo con codo, de los participantes del Mundo 1, de la Operación.

Cuando hay fallas en la operación, a veces, son por errores en la misma operación, pero muchas veces, es por razones de las condiciones del proceso y del equipo. Es muy importante diferenciar cuál es la causa para que esas fallas no sean recurrentes y se solucionen de raíz. Trabajo en equipo y espacios para trabajar en solución de problemas, conjuntamente, entre el Mundo 3 de Tecnología de Procesos y el Mundo 1 de la Operación, es la solución correcta de la empresa. Equipos interdisciplinarios *staff/línea*, muchas veces son la solución de conflictos organizacionales y, con ello, el aumento de la Confiabilidad. Evitar así, las diferencias por orgullo personal de los jefes de una y otra área, y cambiarlo por el orgullo conjunto de pertenecer a una empresa Confiable y de éxito.

Lo que pasa es que existe un conflicto natural de perspectivas, pues una perspectiva, es la solución de resolver un síntoma; otra perspectiva, es resolver otro síntoma distinto; y otra, es resolver una causa de los síntomas. Mientras se ponen de acuerdo, hay conflictos de gestión y toma de decisiones, que muchas veces repercuten en conflictos humanos.

El grado máximo de desarrollo de esta especialidad de Tecnología de Procesos, es poder dominar no sólo el *know how*, sino dominar el *know why*.

Alemania, Inglaterra, Israel, Francia, Estados Unidos y Japón, son países que han destacado en la invención de Tecnología, y son los que tienen más cantidad de patentes, por estar más orientados a la investigación y desarrollo tecnológico y científico. Hablando de la conexión de ir más allá de la especialidad, aquí es la frontera con la función de investigación y desarrollo, en donde sí hay un objetivo claro, de descubrir nuevas maneras de hacer mejor las cosas. Desarrollar *know how* y *know why*.

F11.4. Calidad como Función *Staff*

Dado que la función de Control de Calidad y de Comprobación son muy importantes en la Confiabilidad, se ha hecho una extensión de esta función a todos los procesos de la empresa, no sólo a los técnicos y operativos, sino también, a los administrativos y humanos. A esta extensión, se le ha llamado Calidad Total.

Calidad Total tiene 3 pivotes fundamentales:

- La satisfacción del cliente.

- El control de calidad en todos los procesos y los productos y servicios.

- La dinámica de estar mejorando, continuamente, los pivotes anteriores, de manera deliberada, ordenada, profesional y organizada, a través de toda la empresa o institución, con métodos probados y profesionales.

Es altamente recomendable instituir la función de Calidad dentro del Mundo 3, el Mundo del Staff, a la operación, donde se concentre en estos 3 pivotes aquí mencionados, y facilitar las formas de trabajo y la metodología, para que cada área, sea responsable de la calidad de sus procesos, pero con la ayuda y la metodología de la función de apoyo de Calidad Total.

TÉCNICAS DE APOYO: Manuales de Calidad; Control de Procesos; Estadística para Control de Calidad; Equipos interdisciplinarios de trabajo; Desarrollo Organizacional; Black belts; Encuestas de Satisfacción al cliente; NPS; Inteligencia de mercado.

F12.   EXCELENCIA EN LA CONTINUIDAD OPERATIVA

En el Mundo 1, algo muy distintivo, es esa continuidad diaria de tener que realizar actividades repetitivas, ya que la escala por volumen representa una ventaja clave para ser más productivos.

En el siglo XXI, con la llegada de la Inteligencia Artificial, el primer *target* de la *IA* es, precisamente, automatizar las tareas repetitivas y las muy conocidas y documentadas por su historia: almacenamientos, transporte, operaciones, mantenimientos, pedidos por sistemas en línea, administración contable, etc., son ya automatizados.

El mundo seguirá avanzando fuertemente en automatización.

Sin embargo, en todas esas operaciones que falten por automatizar, que son muchas, hay que tener un enfoque para evitar errores, evitar el hastío de la gente, conservar la salud y energía de la gente y no desperdiciar el tiempo.

Aún en procesos automatizados, hay que vigilarlos que estén dentro de límites de control y la gente tendrá que hacer ese trabajo operativo, controlando a las máquinas del Mundo 1, manejando los cambios.

Se requiere de manejar el tiempo con celo profesional, *no dejando para mañana lo que se puede hacer hoy*, entendiendo el tiempo como el recurso más valioso y anticipándose a los problemas. Llegando a tiempo siempre, siendo puntual, respetando el tiempo de los demás.

Sentido de urgencia en el manejo del tiempo, haciendo las cosas con continuidad y con precisión, *con calma que llevo prisa*. Se llega más seguro y a tiempo, con una velocidad estable pero constante que con arrancones y frenones.

El enemigo es la distracción, por un lado, y el hastío, en el otro. Ambos, son causantes de problemas para la operación. Para hacerlo mejor, se requiere descubrir esos detalles que ocurren en operaciones repetitivas, pero que son sutilmente distintos, de un ciclo a otro ciclo de la operación, de un día a otro y, sobre todo, cuando hay incidentes, accidentes o cambios. Esos pequeños detalles, son los que te llevan a desenvolverte bien en el medio de esos dos extremos peligrosos. Esos detalles finos, sólo los puedes encontrar y dominar, cuando estás entre esos dos extremos, y son los que te dicen a gritos, si estás o no estás siendo Confiable, sobre todo, si hay una emergencia.

Por ejemplo: en un baile complejo, el poder cambiar de ritmo en un instante, o bien, recuperarte de un error, a pesar de la inercia, es demostrar Confiabilidad y *expertise*. En la aviación, un cambio de ruta, cambio de decisión de tráfico por mal tiempo o por otro tipo de emergencia, por ejemplo, en un aterrizaje, cuando hay que irse de nuevo al aire, es donde hay la diferencia entre expertos y no expertos. En la operación de unos telares de alta velocidad, cuando se forma un nudo fuera de norma, y hay que entrar a destrabar, ya sea decidiendo parar o decidiendo corregir sobre la marcha. En la conducción de autos, cuando alguien se pasa el rojo y a ti te toca esquivarlo. En estos ejemplos, los detalles sutiles, son los microsegundos que hay que usar para realizar el cambio, y para eso, de manera anticipada, el experto ya sabe cómo hacerle, qué se siente y qué hacer, porque ya lo ha hecho y no es tanta sorpresa. Para ellos, es parte misma de la operación normal. El que no maneja esos detalles, les pasa que en el cambio y en la emergencia, fracasan más. Para los expertos, en un microsegundo, se pueden realizar, digamos tres movimientos, y para los no expertos, sólo uno o ninguno. Esos movimientos son los que hacen la diferencia entre salir adelante o quedar fuera, con todas sus consecuencias.

La fisiología de nuestros cuerpos y la conexión del cerebro, incluyendo los músculos y órganos, hacen la diferencia, pues la internalización de movimientos en forma automática, sólo se consigue después de mucha práctica y disciplina. Es muy importante que existan 2 estrategias personales para lograr este acondicionamiento de los expertos:

1. Al principio, poner atención, mente y concentración, en el objeto que interesa, en el momento preciso que importa, (recuerda que sólo un detalle, en un momento dado) de tal forma que, primero, haya sincronía con la instrucción que hace tu cerebro a tu cuerpo para que actúe.

2. El cuerpo lo aprende sin requerir del cerebro cuando hay mucha práctica, y queda automatizado y acondicionado.

Recuerdo la plática que tuve con un piloto de 14,000 horas de vuelo, cuando le pregunté, cuántas veces despegaba y aterrizaba, entre la ciudad de Monterrey y la ciudad de México, en el año, y que si no le aburría. Su respuesta fue: *cuando uno ama volar, te das cuenta, de las muchas diferencias que existen y que aprecias en cada vuelo,* y me mencionó varias, pero percibí su manera de enfocar la vida, apreciando cada detalle que, para muchos, pasan por desapercibidos. Cada movimiento repetido es un movimiento realmente nuevo, no puede ser el mismo, pues el anterior ya pasó, ya hubo cambios. El clima diferente, la hora diferente, la formación de nubes diferente, la carga, los pasajeros, el tráfico, el copiloto, la ruta en cada momento, el paisaje, el comportamiento del avión en sus diferentes funciones, las comunicaciones con gente distinta en la torre de control y, en todas ellas, estando presente la sensación de volar.

Esta es una señal clara de la compaginación entre la continuidad de la operación y la felicidad, cuando el hacer en tu vida te apasiona y tiene significado. Estás ocupado, estás concentrado, estás fluyendo entre tu pensar con tu hacer, en un entorno con un resultado satisfactorio.

La fórmula de estar contento y satisfecho por ser productivo. Primero me ocupo, y luego, obtengo satisfacción y felicidad por lo que obtengo, de lo que hago. Obtengo muchas cosas, no sólo dinero. Es la fórmula que se recomienda ante momentos de preocupación e insatisfacción y temor. Ocúpate bien y te la pasas mejor que pensando, imaginando y dejando que la mente haga de las suyas. Cuando estás ocupado, a tu mente, la enfocas en tu hacer y, si tu hacer es sano, útil y productivo, esto te cura de los desórdenes de la mente.

Claro, esta fórmula se aplica también a trabajos no repetitivos y no operativos; pero eso sí, donde estés enfocando tu mente en algo útil y concentrado. Lo que pasa es que, con trabajos repetitivos, donde conjugas mente y cuerpo en movimiento, fluyes.

Si el universo de las estrellas es infinito y no terminas de apreciarlo todo, por su inmensidad, igualmente, el mundo microscópico de la tierra, las plantas, la hoja, la célula, átomo, electrón y todas las partículas que se encuentran en el sistema del *micromundo*, es igualmente infinito y atractivo. La multitud de detalles que puedes apreciar en un campo, aparentemente muy pequeño y concentrado, cuando lo profundizas, te puede dar, también, la infinitud que te da un campo mayor de funciones y actividades.

Recuerdo muy bien cuando otorgamos el premio del año, y la portada de la revista de la empresa *Celulosa y Derivados, Planta Celofán*, a un trabajador que consiguió el logro de 20 años sin faltas de asistencia y de puntualidad.

Yo le pregunté: *¿cómo le hiciste?, ¿a poco nunca te enfermaste?*

La respuesta fue:

> *lo que pasa es que yo no empiezo mi trabajo cuando empieza el turno, yo lo empiezo el día anterior, antes de irme a dormir, preparándome para el día siguiente, física y emocionalmente. Sí me enfermé, pero gracias a Dios, no fueron enfermedades incapacitantes, y a veces, fui a trabajar algo enfermo.*

Fue cuando emergió en mi mente la idea de la compaginación entre salud y trabajo continuo. Larga vida, para los que trabajan ordenada y Confiablemente. Ocupados en cuerpo, mente y alma, sirviendo.

Cuando encuentras significado al trabajo, lo repetitivo no es una causa de hastío. Si haces parte del trabajo normal, evitar las posibles incidencias negativas, los accidentes, las fallas y anticiparte a lo que viene, te vuelve un experto con mucha satisfacción personal, y es un camino largo de aventura y de significado enorme. Si envuelves al trabajo con todas las consecuencias positivas que pueden resultar, si lo haces bien, y si cobras conciencia, de que, para hacerlo, necesitas ser privilegiado en salud, habilidades y energía, te da como resultado, agradecimiento y amor. Significado, agradecimiento y amor, son causa de una vida feliz.

Siempre se puede lograr crear algo de valor adicional en cada nueva operación, en cada nuevo ciclo, un detalle adicional, una palabra adicional, una sonrisa fresca, una perfección más.

Pon tu mente en donde quieras estimular el detalle que quieres mejorar. Nunca terminas y siempre hay espacio de mejora. Y así siempre te haces mejor.

Retos y áreas de oportunidad siempre están presentes:

- Cero fallas.
- Cero accidentes.
- Cero lesiones.
- Cero faltas.
- Mantener siempre alto el nivel de energía personal en la jornada.

No puede haber hastío en estas pretensiones de alto nivel de excelencia.

Al principio, se comienza con ponerse un tiempo corto para lograr esos *targets*, y luego, ir extendiendo el tiempo. Primero en una jornada, luego en dos jornadas, luego en una semana, luego en un mes, año, etc.

En mi experiencia, plantas de más de 300 personas, trabajando en procesos de alto riesgo, han podido conseguir dos años de cero accidentes, después de haber tenido una triste historia, de al menos, un accidente por semana.

En el mundo de la aviación, a principios y mediados del siglo pasado, había muchos accidentes. Hoy es el transporte más seguro que hay en la tierra, muchas veces más seguro que los medios de transporte por carretera. Pusieron la mente en los accidentes, sus posibles causas y a desterrar las causas.

Es importante mencionar que si un trabajo tan complejo, como es la aviación, se pueden abatir los accidentes y las fallas, en los trabajos menos complejos, es imperativo que se corrijan; no es un lujo, es una obligación social. Las fallas, los errores y los defectos, afectan gravemente a la sociedad, causando problemas, altos costos y sacrificios innecesarios.

F13. DETECCIÓN DE FALLAS Y APRENDER DE LOS ERRORES

Se requiere de analizar Fallas y aprender de ellas para mejorar la manera de hacer las cosas. Esta práctica genera muchas soluciones a las áreas de oportunidad.

Cuando los jefes castigan al que ejecuta las fallas para dejar claro que no son ellos los culpables; cuando esconden las fallas para no ser castigados y se encubre a los ejecutores; cuando dejan pasar a las fallas por desapercibidas, se incurre en la baja Confiabilidad.

Cuando se tiene la cultura de la Confiabilidad, los errores son excelente materia prima para aprender. En el libro de Michael Jordan, habla de que el mapa que le daban los errores cometidos, le marcaban la ruta de la práctica de la corrección y con ello, el camino claro de la excelencia. Al final dice: *yo soy lo que soy, gracias a mis errores*.

Los errores humanos, son, generalmente, por ignorancia o por falta de práctica (*Ley de Pareto*). Sin embargo, a veces, el error es por un acto voluntario y con dolo. En este último caso, conviene ver la causa de ese resentimiento para aprender a ver la causa raíz (ver *Factor 19: Estrategias de Desarrollo* y *Factor 20: Estrategias de Motivación Humana*).

Existe una excelente tecnología para hacer técnicamente el análisis y solución de fallas en procesos repetitivos, sobre todo:

- La Estadística es una materia fundamental.
- Las matemáticas básicas de la Calidad.
- Toma de decisiones bajo el método de *Kepner & Tregoe*.
- Los métodos japoneses de Calidad y la tecnología de *Black Belt*.
- Las teorías de los dos precursores de la Calidad japonesa: Joseph Juran y Edward Deming.

Los japoneses, guiados por Deming y Juran, empaquetaron muy bien estas herramientas, con los métodos simples, estadísticos, de clasificación, focalización, agrupación, frecuencia de ocurrencias, homogenización, estandarización, localización, *Ley de Pareto*, Distribución normal y *Diagrama de Ishikawa*, combinado con evaluaciones de las consecuencias que arrojan diagnósticos de costos de la No Calidad, sumamente útiles en el proceso de gestión de la Confiabilidad y en la solución de fallas y mejoramiento de la calidad.

El planteamiento de alternativas de solución, la evaluación de las mismas y la toma de decisiones con las diferentes perspectivas, es lo que hace el método de toma de decisiones de *Kepner & Tregoe*. Además de Kepner & Tregoe, la herramienta *Human Side*, en su Capítulo de proceso pensante, nos deja, claramente, 4 diferentes perspectivas que todo líder debe manejar: La perspectiva de la lógica en el tiempo: la cronología (Pensamiento Lógico); la perspectiva de las causas y no lo síntomas (Pensamiento Analítico); la perspectiva de un futuro largo y la evolución natural de eventos influyentes (Pensamiento Visionario); y la perspectiva, de cómo impacta a la gente, y la aceptación o no, de la posible solución (Pensamiento Intuitivo).

Cadenas de fallas. Se ha encontrado, en la investigación de accidentes, tanto industriales, en plantas de manufactura, en la construcción y en la aviación, que atrás del accidente, hay una serie de fallas anteriores, y que casi siempre, hay señales de aviso que pudieran haber evitado el accidente si se hubieran atendido. Esto dio lugar, a incluir en la gestión de Confiabilidad, identificar, de manera continua, incidentes o fallas. Al evitar incidentes y fallas, se corrigen los accidentes, en su gran mayoría. Más del 80% de los accidentes (Ley de Pareto) son debido a cadenas de fallas menores, ocurridas antes del accidente.

Lo contario a esta cultura de Confiabilidad de gestión de incidentes y fallas, es la cultura de echar la culpa de un accidente a sólo una causa y dar carpetazo al asunto. Esto es muestra de una cultura y una institución de Baja Confiabilidad.

A todo lo anterior, hay que agregar la metodología de organización paralela, donde con círculos de calidad y formación de equipos interdisciplinarios, hacen un aprendizaje de los errores, para darle solución a los problemas y crear una cultura de éxito. Aquí se crea la cultura nueva con 3 nuevos parámetros:

1. Espíritu crítico y de apertura, para sacar a la luz las fallas y problemas, pero con una actitud férrea de darles solución, de ser un contribuidor importante en la solución. Proactividad demostrada con hechos, no con palabras.

2. Lo importante es encontrar las fallas, su causa, el problema, y no encontrar culpables; pues esos supuestos culpables, que tienen la actitud correcta, pueden ser los artífices del éxito.

3. Ver la vida como un camino interminable de perfección, mejora continua y colaboración, pues pequeños y grandes problemas y pequeñas o grandes fallas, son medios para la superación y el éxito.

Esta es parte fundamental de la cultura de la Confiabilidad.

Cuando se hace ver la luz en terrenos de obscuridad, muy propicios a ocasionar fallas, se logra una actitud de agradecimiento, que es la motivación más excelsa que hay. Cuando agradeces, es porque estás altamente motivado y contento por algo. A todos les conviene mejorar, a nadie le gusta el error ni el accidente, ni para sí mismo ni para su familia. No dejen ir esta oportunidad en las empresas, pues es lo que impacta más a la cultura de la Confiabilidad y de sus fines, que son el Bienestar y el bien común. Además, motiva e integra a la gente.

Si analizamos estos 3 parámetros y los comparamos con los siguientes 3 parámetros de cultura, muchas veces actuales, reales, veremos el camino que hay que recorrer para cambiar.

- **Persona X**: oculta los problemas para que nadie lo note y te quitas de problemas.

- **Persona Y**: *yo no fui, fue el otro. Es que, a mí me dijeron que así lo hiciera.*

- **Persona Z**: critica y critica lo malo, y a los demás, por sus errores, magnificándolos y, entre más críticas, más convence, porque creen que tiene la solución.

Existen muchos sectores que tienen esta cultura de No Confiabilidad. Esta cultura de la No Confiabilidad nace, muchas veces, en los cuadros directivos. Sólo cambiando la cultura en los cuadros directivos, es como se puede aspirar a cambiarla en los cuadros operativos, no antes.

F14.   MEDICIÓN Y DOCUMENTACIÓN

Existen al menos 8 diferentes Tipos de documentación para las empresas e instituciones, en donde se debe dejar todo por escrito para que haya evidencia y se tenga historia, tanto para evaluar el pasado como para reflexionar y mejorar el futuro. Esto es evidencia de Confiabilidad en la gestión de la empresa.

1. Contabilidad y documentación financiera relacionada, incluyendo el aspecto legal de actas de asambleas, consejos, etc.

2. Documentación de procesos, control de calidad y su certificación.

3. Software de *ERP*, que además de registrar y documentar transacciones, también deben agregar observaciones e incidentes.

4. Documentación de relaciones y operaciones con clientes, por ejemplo, *CRM*, evidenciado acuerdos y observaciones, además de transacciones, así como información sobre la satisfacción.

5. Documentación sobre proyectos pasando por todas las etapas, desde su concepción e inicio, hasta su consecución y resultados finales.

6. Documentación sobre información de Organización, Políticas, Procedimientos y Reglamentos de la empresa y expedientes de Recursos Humanos.

7. Documentación sobre Diagnósticos de Confiabilidad, sobre análisis de fallas y defectos que adopten la perspectiva de evidenciar fallas e incidentes, el análisis de sus causas y los costos de oportunidad incurridos, así como los resultados no obtenidos, que se pudieran haber obtenido, y sus planes de corrección.

8. Documentación sobre Objetivos y Planes, derivados de procesos de Planeación estratégica y su seguimiento.

Para el mejoramiento de la Confiabilidad, es muy común, en las empresas, que hay que crear o reforzar el Tipo: 2, 4, 7 y 8 de Documentación.

En el Tipo 2, la cultura que adopta la Certificación *ISO* u otras certificaciones específicas puede contribuir enormemente.

En el Tipo 4, el enfoque al cliente de la cultura de Confiabilidad, obliga a completar los procesos de administración de ventas, con las mediciones de satisfacción del cliente y las oportunidades para mejorar la satisfacción.

En el Tipo 7, la documentación es muy importante hacerla, para inculcar una cultura de competitividad. Una cosa, son los resultados obtenidos y otra cosa, son los resultados que se podría obtener si se resolvieran fallas y defectos.

Esta información se produce en los equipos de mejora, en los círculos de calidad, en los procesos de planeación, en los equipos interdisciplinarios de trabajo, resolviendo problemas, y en la capacitación orientada a resolver problemas.

Los costos de la NO CALIDAD, son todos aquellos rubros, que pueden ser materiales y mano de obra que cuestan y no deberían de costar; son superfluos e innecesarios, si las cosas se hicieran bien desde la primera. Esto es, según un deber ser *estequiométrico*. Esta información pertenece al tipo 7, de documentación.

El *estequiométrico* es una fórmula que se usa en ingeniería y ciencia, sobre todo en química, para expresar que la energía no se crea, sólo se transforma y, por tanto, lo que entra, es lo que debe salir.

Se trata de medir lo que entra, se transforma, y luego, lo que sale bajo la perspectiva de energía medida (en calorías o en alguna otra forma). La misma cantidad de energía que entra, es la energía que debe de salir, excepto si hay alguna energía que se pierde, pero que hay que manejar, contabilizar, aprovechar. Confiabilidad, significa, ser responsable con lo que manejas, saber y administrar la energía que recibes, manejas y entregas en forma de producto o servicio.

¿Crees que una persona es Confiable, cuando dilapida energía valiosa y no sabe ni a dónde se le fue? La respuesta es no, pues tarde o temprano, la vida te cobra la factura de aquella energía mal manejada, dispendiada, desperdiciada o robada sin conciencia. Tu tiempo y el tiempo de los demás, las horas, es un recurso y una medida de uso de energía muy valiosa y escasa (máximo 100 años de vida, digamos, si bien te va y, para estar disponibles para ciertos asuntos, sólo quizás 8 horas o menos al día). Ser Confiable para los demás y para ti mismo, encierra la gran responsabilidad de manejar bien tu tiempo y el de los demás.

En la documentación Tipo 1, sólo se tiene la perspectiva de resultados obtenidos, pero hay un elemento que es el presupuesto, que obliga a comparar los resultados obtenidos. En una empresa de alta competitividad, ese presupuesto, se debe elaborar utilizando información producida por la gestión de información Tipo 7, a base de los costos de la NO CALIDAD. Pero no es lo común, porque los financieros, que hacen los presupuestos, no manejan esta especialidad de la información tipo 7. A veces, los catálogos de cuenta del sistema contable son tan genéricos, que sólo contabilizan como costo todo lo comprado de un determinado material, y no distingue entre lo comprado y consumido, lo comprado y no consumido. Este es un detalle de costos de la NO CALIDAD.

En el Tipo 8, de Documentación, cada objetivo bien pensado, debe ser acompañado de su meta y de sus indicadores de desempeño, o los llamados *Key Performance Indicators* (KPI).

Un ejemplo de indicadores de desempeño, en objetivos relacionados con el Mundo 1, de la operación, los podemos tener en lo ya mencionado en este libro, en el *Factor 10: Ejecución y Comprobación*, con el ejemplo de volumen obtenido en kilo gramos, calidad de primera, calidad de segunda, costo directo por kilo, retrabajos por turno, etc.

Además, en el Mundo 1, está también la satisfacción del cliente como uno de los KPI's claves, o sea, información Tipo 4.

En el Mundo 3, en la función de Finanzas, hay muchos indicadores de la salud financiera, de tal manera que deben observarse mes a mes, y señalar desviaciones y corregirlas, en los temas de capital de trabajo, deuda, cuentas por cobrar, de utilidad bruta, margen, rentabilidad a ventas, rentabilidad a capital, entre otros.

En el Mundo 3, en la función de Capital Humano, rotación, capacitación, ausentismo, tiempo extra, accidentes, son indicadores claves.

En el Mundo 2, lo importante es que los resultados del conjunto se obtengan; que los objetivos con sus correspondientes indicadores se cumplan. Este es el indicador para el Mundo 2. ¿Se cumplieron los objetivos? ¿Se consiguieron los resultados de su equipo? ¿En qué proporción? Este porcentaje es un indicador de desempeño del Mundo 2, el Mundo de los Líderes. Además de esos indicadores, tenemos el indicador de la salud del clima laboral y la imagen de la empresa, que son un soporte para la sustentabilidad de la empresa, para que pueda seguir obteniendo buenos resultados.

F15. MEJORA CONTINUA E INNOVACIÓN

F15.1. Procesos de la Innovación

Generalmente, estos son los pasos que se siguen en una innovación Confiable:

1. Identificación de la necesidad o área de oportunidad.

2. Evaluación, si es una necesidad que, al solucionarla y satisfacerla, crea valor.

3. Diagnóstico de causas que originan esa necesidad. Entendimiento de cómo nace la necesidad.

4. Opciones de posibles soluciones para satisfacer esa necesidad. Primero, describiendo en qué consiste la solución.

5. Evaluación de las diferentes opciones, decidiendo, hasta qué punto, profundizar en cada una de ellas, para poder aquilatar su inversión y su creación de valor.
6. Especificación de entregables.
7. Toma de decisiones para seleccionar la opción ganadora.
8. Afinación de Especificaciones de los entregables de la opción seleccionada.
9. Plan de trabajo para desarrollar la opción ganadora que, generalmente, consiste en:
    9.1. Ingeniería de diseño de la solución.
    9.2. Plan de trabajo con responsables, fechas de inicio y terminación de cada actividad.
    9.3. Costeo del plan de trabajo y estimación de la inversión requerida.
    9.4. Control de calidad para comprobación.
    9.5. Seguimiento y supervisión.
    9.6. Entrega en base a acuerdos especificados.
10. Mercadotecnia de la aplicación del producto final:
    10.1. Investigación de mercado.
    10.2. Presentación del producto.
    10.3. Estrategia de introducción.
    10.4. Plan de implementación.
    10.5. Evaluación seguimiento y control.

El eslabón establecido en el *Factor 13: Detección de Fallas y Aprender de los Errores,* que analizamos anteriormente, es el inicio de un campo enorme de desarrollo para la mejora y para la innovación.

Aquí vamos a desplegarlo a todo su potencial, pero reconociendo que se conecta con un nuevo polo de desarrollo en su extremo: la Investigación y Desarrollo, que es un tema de gran envergadura.

Los caminos que se abren son los siguientes:

1. Mejora continua, basado en pequeños detalles de corrección y solución.
2. Modificación de procesos.
3. Reingeniería de procesos.
4. Desarrollo de nuevos productos.
5. Proyectos de innovación.
6. Investigación y desarrollo (nuevos *know how*).
7. Investigación y desarrollo de *know why* y crear conocimiento.

F15.2. Mejora Continua

Se requiere de la mejora continua porque el cambio es continuo y permanente. Estas mejoras se pueden realizar dentro de la estructura de organización tradicional, *jefe-colaboradores*, con unidad de mando, cuando se introduce un parámetro de flexibilidad controlada en tiempos, costos, orden y velocidad apropiada. Mejora continua y ordenada. Llevar a cabo esta función, tiene una amplia gama de posibilidades. Desde juntas de mejora continua cada cierto tiempo, círculos de calidad con equipos interdisciplinarios, hasta equipos de alto rendimiento o estructuras paralelas de análisis y solución de problemas, con gente preparada en ello (*cintas negras* en el análisis y solución de problemas).

Hay que revolucionar el liderazgo con esa delegación de la que hablé en el *Factor 3: Liderazgo Institucional*, en el punto 3.3: *Apertura de Perspectivas de Decisión y Autoridad*. Incluir y abrir la perspectiva de cada responsable, acudiendo a otras fuentes de referencia, para su toma de decisiones: Su siguiente paso en la cadena productiva, su cliente interno, cliente externo y su grupo de apoyo técnico.

En el *Factor 19: Estrategias de Desarrollo Humano*, trataré el tema de Liderazgo sociotécnico, que consiste, precisamente, en lograr un nivel superior en la toma de decisiones operativas, con menos jefes, más operadores de Alta Confiabilidad, desarrollados técnica y humanamente. Gentes Confiables.

F15.3. Modificación de Procesos

Las personas que ya tengan una visión adquirida de fallas en el proceso actual son las más capacitadas para realizar la llamada modificación de procesos para lograr mayor Confiabilidad.

Claro, hay que considerar la ceguera de taller que unos tienen más que otros, de tal forma que, a veces, algunas personas, no perciben formas más eficientes de hacer para cambiar.

Otras personas, que podrán tener una visión correcta para ser invitadas a la modificación de procesos, son las personas que han sido testigos de las fallas de calidad, en la función de Control de Calidad de productos y protagonistas en la evaluación.

Hay especialistas en modificación de procesos, que también son muy importantes, sobre todo en los más complejos que requieren de 3 elementos técnicos:

1. Dominio de la Tecnología involucrada y visión del proceso completo.

2. Habilidades para Diseño, Rediseño o Reingeniería.

3. Habilidades para manejar los procesos de cambio, armonizando la disrupción, para beneficio del cliente actual.

Finalmente, acudir a los proveedores de equipo de maquinaria, puede ser de ayuda para la modificación de procesos, en algunos casos.

F15.4. Reingeniería de Procesos

La Reingeniería de Procesos, se refiere a visualizar, primero, y cambiar, después, los llamados macroprocesos de toda la empresa o institución y, luego, todos los procesos específicos de cada macroproceso, reorientándolos a servir de la manera más eficiente posible al cliente final, al cliente externo.

La tecnología de sistemas e información en línea, la digitalización y automatización, cobran gran importancia en la eficientización de todos estos procesos por la reingeniería, incluyendo la programación y desarrollo del software adecuado, para utilizar toda esta fuerza para automatizar, eficientizar y mejorar el servicio del cliente, personalizando sus necesidades y su surtido, hasta su domicilio.

La personalización, es la tendencia más clara que hay que perseguir en los próximos años.

¿Quién hace la reingeniería más Confiable?

Quizás IBM, con lo avanzado que está en su proceso de *IA*: Inteligencia Artificial.

A veces, lo recomendable, es separar estas 2 especialidades: primero, la de hacer la reingeniería con los procesos de información actuales, luego, automatizar, porque es imposible hacerlos bien, si se tratan de hacer juntos.

TESLA: es el producto de una reingeniería de la industria automotriz.

AMAZON: es el producto de una reingeniería del sector comercial de productos de consumo.

GOOGLE: es una reingeniería de la localización y mapas de rutas.

APPLE: es una reingeniería de la comunicación personalizada a distancia.

LOS SUPERMERCADOS: es una reingeniería de las tiendas de mostrador.

EL SUPERMERCADO AMAZON: es una reingeniería del autoservicio.

F15.5. Desarrollo de Nuevos Productos

Existen algunas empresas que tienen como objetivo la creación de nuevos productos y se obligan a sí mismos de obtener resultados de ventas, específicamente hablando de los nuevos productos creados, desarrollados e implementados.

En estos casos, existen departamentos especializados, ocupados por gente con perfil de investigación, desarrollo, creatividad e introducción al mercado.

La evolución natural del ciclo de vida de los productos y de la competencia, obligan a una actualización constante de los productos y sus aplicaciones.

En el mundo actual, el cambio es constante, y la empresa que no tiene energía y disciplina para el desarrollo de nuevos productos y modificaciones relevantes, es fácil que se quede fuera del mercado.

Ser confiable, en esta función, significa, primero, ser competente en modificaciones y adecuaciones del producto actual, como primera etapa en el trayecto de esta función.

La segunda etapa consiste en rediseños o sustituciones del producto o servicio actual, bridando beneficios de adecuación al uso, personalizando los usos, o bien, disminuyendo el costo cuando es elástico a la demanda.

Un ejemplo de desarrollo de nuevos productos es lo que está ocurriendo actualmente con las películas (antes de salas de cines y ahora en las casas), en la educación (antes en aulas presenciales y ahora cursos en línea), y en muchos sectores como el automotriz, aeronáutico, navegación en el espacio, etc.

F15.6. Proyectos de Innovación

Los japoneses han sido muy exitosos para inculcar y desarrollar, en los equipos de trabajo, la innovación en la perfección de los productos y, también, en los procesos. Su capacidad de enfocarse en los detalles y corregir detalles defectuosos, los ha hecho ser muy Confiables, y con ello, muy exitosos.

Lanzar un proyecto de reducción de costos y alinear a ese Proyecto/Objetivo, todos los esfuerzos, hace que se encadenen muchos proyectos de innovación y resulten en un gran resultado global.

Otras empresas lanzan una filosofía de innovación, un coordinador para que vaya seleccionando las mejores ideas, e irlas desarrollando, cada una, de acuerdo a un presupuesto de recursos.

Otras empresas tienen un departamento de innovación, y emprenden el desarrollo de nuevos productos, nuevos procesos o nuevos negocios de manera permanente.

En el caso de Nuevos Negocios, hay que aparejarle a esta función, la de Planeación Estratégica, que es la que se especializa en Estrategias de Negocios y es muy innovadora.

F15.7. Investigación y Desarrollo

En el caso de áreas de Investigación y Desarrollo, con laboratorios de alta tecnología, se sale del enfoque de este libro.

La Confiabilidad en la Investigación y Desarrollo y cómo mitigar riesgos en estas inversiones, es un área muy interesante, que sólo la emprenden grandes empresas, grandes capitales o universidades. Un ejemplo de esto, es la Fundación de Bill y Melinda Gates, donde han canalizado fuertes sumas de dinero para crear nuevas soluciones a problemas sociales de enfermedades.

F16.   COMUNICACIÓN CONTINUA DE RESULTADOS Y DE VALORES

En los *20 Factores* del *Modelo de Confiabilidad HO*, podemos observar, que el trato a la gente es un trato de adultos, porque se les da a conocer el producto final de su trabajo, el cliente final, el cliente interno, la cadena productiva y su participación para eliminar fallas, dominar más su proceso, eliminar defectos y reciben capacitación.

Esta persona, así tratada, así educada, tendrá un mayor alcance en su contribución a la empresa. Más productivo e inteligente.

Este es un valor, el de contribuir más, el valor de ser tratado como adulto responsable, importante, como socio, en cierta medida, y esta es la causa de tener un mayor reconocimiento de su valía y, por lo tanto, de su autoestima, motivación y satisfacción. La persona se convierte en un elemento crucial para lograr ciertas metas que, de no ser por su valía, dedicación y capacitación, no se podrían conseguir.

Este sentimiento que resulta de un trabajo enriquecido, empoderado, es una de las motivaciones más importantes en la vida de la gente que trabaja. Podría decir, que la más importante. Esta motivación es causa de satisfacción y felicidad cuando hay magníficos *scores* conseguidos, magnífico trato a la gente y magnífico trabajo de equipo. Buenos Resultados, con Buena Contribución personal, con Buen trato y Reconocimiento recibido. La fórmula de la Confiabilidad sustentable.

Esto quiere decir, que la altura en la comunicación ya cambió y, por consecuencia, es congruente con esta nueva altura, que este trabajador, colaborador o socio, sepa de los resultados generales de la empresa, y que vea, cómo va el barco donde van todos y que todos deben cuidar.

Se requiere comunicar los resultados globales de la empresa a todos los participantes. Ser congruentes con la calidad en el trato a la gente. *Tú perteneces al equipo humano del barco, y yo te digo cómo va el barco.* Ese es el trato Confiable. No necesita ser una comunicación pormenorizada en detalles financieros ni nada por el estilo, debe ser una comunicación diseñada para cada público. Los líderes necesitan resultar Confiables a su gente.

Además, debe haber una comunicación por área, sobre cómo va el área y, en lo individual, cómo ha estado el desempeño de cada uno. Claro, la mejor medición del desempeño es que conozca su *score* personal, sus intervenciones y los resultados de cada intervención, sus jugadas, sus aciertos, sus fallas, los defectos del producto que le tocó manejar, su velocidad, etc.

También conviene informar técnicamente el *score* final de la cadena productiva, sobre todo, si está bajo el control de la empresa. Esto es transparencia a lo largo de la cadena. Esto permite mejorar la actuación y hacer más Confiable a toda la cadena productiva. Transparencia en la información, para mejorar el *score* final, es vital.

Lo único verdadero y Confiable, es reconocer, en verdad, que los resultados se deben a todos, en una medida u otra.

Comunicar Resultados es la parte tangible de un lado de la moneda, y el otro lado, es la parte intangible que se descubre con las siguientes preguntas que vienen, siempre aparejadas:

¿Están correctos? ¿Son Confiables esos resultados?

¿Quiénes fueron los contribuyentes internos para que se dieran esos resultados?

¿Gracias a quién, en cuanto a la parte externa a la empresa?

¿Si hay beneficios, cómo se van a repartir? ¿Es posible repetirlos o son de una sola vez?

Para contestar estas preguntas, se requiere tener valores. Valores de honestidad para que la información sea cierta; de Confiabilidad, para que el cliente confíe en ti; valor del esfuerzo y trabajo dedicado para poder cumplir; valor de ocasionar beneficios a los clientes; valor de trabajo en equipo; valor de bienestar común.

Resultados y Valores van juntos.

Los Resultados requieren de ser Confiables, requieren de ser verdaderos, sean buenos o sean malos. Si son malos y los comunican y publican como buenos, buscan, injustamente, una gratificación no merecida. Si son buenos y los publican como malos, buscan, injustamente, evitar un pago que es legal o que es justo. En ambos casos, se comete una falta de Confiabilidad.

Resultados y Valores van juntos, y el impacto en la cultura de la Confiabilidad de la empresa, es muy grande.

Se recomienda trabajar con valores y que se lleve a ejemplificar esos valores en cada puesto, en cada área u oficio, pues el lubricante indispensable para que pueda haber Resultados, son los Valores. Si no hay lubricante, la máquina de producir resultados, se rompe.

F17. POLÍTICAS, LEYES Y REGLAMENTOS PRÁCTICOS

Se requiere de leyes y reglamentos que sean muy objetivos y prácticos para conseguir el orden y la unidad de mando consistente. Comunicarlas y capacitar a la gente en ellas. Las leyes y reglamentos deben tener un balance entre dejar libre, motivar el hacer de la gente y el controlar ese hacer, entre los derechos que otorga y las obligaciones que pide, para ser congruentes con la fórmula de Dar y Recibir, mencionada, en el *Factor 6: Querer al Cliente y al Usuario*, de este apartado.

Es muy común la falta de madurez emocional para hacer este balance y la falta de diálogo inteligente entre las partes, falta poder de convocatoria del líder y líderes especializados en un diseño mejor de leyes y reglamentos que privilegien la calidad de vida actual y futura.

Las políticas que deben quedar claras y establecidas, al menos, deben ser las siguientes:

- De Gobierno Corporativo, Asambleas, Consejo y demás consideraciones legales, de acuerdo con la escritura constitutiva de la sociedad.
- De Inversiones y Proyectos de Inversión. Autoridad de decisiones.
- De trato comercial a clientes, incluyendo ventas, crédito, comisiones y otros relevantes.
- De auditoría interna y externa.
- De obligaciones legales en casos graves con clientes y con la comunidad.
- De seguros y manejo de riesgos. De accidentes de trabajo.
- De contabilidad fiscal y administrativa.
- De cambios de estructuras de organización y puestos.
- De selección de personal colaborador.
- De contrataciones de personal colaborador.
- De reglamento interior de trabajo y disciplina.
- De remuneración y prestaciones al personal colaborador.
- De contratos colectivos de trabajo.
- De capacitación y desarrollo.

- De administración de leyes y regulaciones sobre el trabajo.

- De relaciones con proveedores.

- De manejo de Conflictos de Interés.

- De privacidad en el manejo de datos personales.

- De secrecía tecnológica.

- De comunicación interna e imagen corporativa.

- De Relaciones Públicas y gastos de viaje.

- De regulación de espacios de oficina y *home office*.

F18. AUDITORIA

Se requiere de un sistema de auditoría que provea de un control interno que solucione los Conflictos naturales de Interés resultantes, que vigilen y corrijan las cosas fuera de orden, de manera continua, con el enfoque de auditoría profesionalmente desempeñada.

La naturaleza humana tiene una parte muy fuerte, donde la persona es impulsada de manera natural y automática por el camino más cómodo, el que sea más fácil, el de menor esfuerzo, el que te brinda más beneficio inmediato. El cuerpo hace lo mismo, busca acomodarse al descanso, a la economía de movimientos, a no tener prisa, a no hacer. Esta parte de la naturaleza humana tiende a cumplir muy bien con la función de recibir, de obtener para vivir, que se necesita.

Por otro lado, las experiencias de la vida, la supervivencia, la superación, la necesidad de seguridad y de evitar enfermedades, de evitar conflictos con las demás personas, hace que surja la otra naturaleza humana, la de: no podemos vivir si no nos movemos, con esfuerzo y a veces sacrificio, para solucionar las necesidades humanas, primero las esenciales, y luego, las adicionales.

Se descubre humanamente, que hay que contrarrestar esa parte de la naturaleza humana, preparada para recibir, con la otra parte de la naturaleza humana, en la que hay que dar, hay que moverse, hay que pagar, hay que trabajar, para poder vivir.

Se descubre también, que para poder vivir se necesita de otros. Se descubre, que si un humano hace una cosa, y otro humano hace otra complementaria, y las comparten, se logra más fácil el objetivo de vivir.

Se descubre, que hay que dar para recibir. Esta segunda parte de la naturaleza humana es tan indispensable y esencial como la primera.

Este balance de las 2 naturalezas humanas (Recibir y Dar), hay que saber encauzarlas bien. La primera parte, la de recibir, es en automático, sin pensar y dejándote ir; la segunda parte, la de dar, hay que hacerla pensando y redirigiendo las acciones del cuerpo, para hacer algo que valga la pena, que tenga sentido, que produzca bienestar, aunque cueste esfuerzo e incluso sacrificio.

El premio obtenido de irse por la segunda parte de la naturaleza humana (dar), es mayor y más satisfactorio, pero no es inmediato, viene después de intentar varias veces, hasta que dé resultado. Cuesta.

Solución inmediata contra solución trabajada. En la segunda naturaleza humana (dar), entra mucho el razonamiento para entender y redirigir, pero también, el corazón para sentir que tiene sentido el esfuerzo. Razón y sentimiento; pensamientos y emociones.

El razonamiento (fortalezas de la mente) ayuda para los siguientes procesos:

- Pensar para analizar.
- Pensar para decidir.
- Pensar para planear o visionar.
- Pensar para juzgar.
- Pensar para hacer (ejecutar, remediar, corregir, improvisar, emprender).
- Pensar para razonar los sentimientos y emociones.

La función de Auditoría entra, principalmente, en Pensar para Juzgar. Sin embargo, el eslabón de la cadena que sigue, es Pensar para corregir; es decir, dentro de Pensar para Hacer, se dirige a Pensar para corregir.

Pero, para poder corregir antes, hay que definir un *deber ser,* para comparar contra lo que realmente sucede y que allí se identifique la desviación o falla.

Ya dedicamos una sección completa para análisis de fallas y lecciones aprendidas. La función de *Auditoría* es una extensión del *Factor 13: Detección de Fallas y Aprender de los Errores*, aplicado a procesos administrativos.

Aquí entra la Ética y la Moral, para identificar ese *deber ser*.

Sí hay una tendencia de la naturaleza humana de *agandallar*. El camino más fácil de conseguir un beneficio a costa del perjuicio de otros. Cuando se permite un actuar no ético, no moral, ese actuar de la persona lo lleva a un proceso destructivo contra sí mismo y contra los demás. Ese hacer delictivo, conflictivo, hay que evitarlo formalmente en las organizaciones. La Auditoria lleva ese propósito fundamental.

A la persona humana le hace bien sentirse vigilada, porque su comportamiento se mejora; se mejora por hacerlo pensar en evitar tendencias naturales que le reste perjuicios, para así, lograr un bienestar mayor.

Debe tener sentido el porqué de la vigilancia. La persona siente perder su libertad, hay una tendencia natural a rechazar la vigilancia.

La tesis de este libro es explicar y captar el sentido de la Auditoría bien fundamentada y ejercida, para logar buenos resultados de bienestar Confiable.

Explicado así, hay que tener una función de Auditoría transparente y explicada en toda la organización.

Desafortunadamente, la Auditoría tradicional, se entiende como materia contable, la auditoría de cuentas, y esa visión es muy estrecha, y si no se expande a lo que aquí estoy exponiendo, el entendimiento de la función y su aceptación es deficiente, por sus clientes internos y por sus usuarios. Esto es muy grave.

Un pecado grave de la función de Auditoría es enfocarse a eventos sin importancia y sin causales bien analizados. Si no es capaz de producir beneficios sentidos, es una auditoria burocrática, con complejos emocionales de su autor.

Un auditor, debe tener un perfil de estar motivado y ser capaz por la mejora sustancial. Materialidad en las Recomendaciones.

Una función de Auditoría Confiable es la que sirve a lo siguiente:

- Evitar fugas de dinero fuera de orden de la empresa.

- Comprobar la Confiabilidad de la información contable y de la información financiera (Control de Calidad de la información financiera).

- Comprobar la Confiabilidad de la información que se alimenta a la Contabilidad.

- Vigilar y meter a la organización a respetar y obedecer las políticas bien definidas, verificando el apego a la política o reglamento.

- Ayudar a diseñar las políticas de la empresa, pero sin ser juez y parte, sino asesor imparcial.

- Auditoria de certificaciones que, por lo general, la hacen expertos de la entidad certificadora.

- Auditorías para proteger la seguridad y Confiabilidad de los sistemas digitales y de internet.

Hay 6 tipos de Auditorías:

1. La Auditoría de Cuentas, para tener Confiabilidad contable y evitar fugas patrimoniales.
2. La Auditoría de Políticas de Administración.
3. La Auditoría Operacional para profundizar en procesos que tiene debilidades de control interno y son para evitar posibles fugas de dinero o información falsa.
4. La Auditoría en Tecnologías de la Información, para proteger la seguridad de los sistemas informáticos e internet.
5. La Auditoria de Conflictos de Interés, en materia legal e institucional, evitando casos graves y fraudes.

6. La Auditoria para asegurar que la certificación otorgada, sigue estando en vigor y siendo válida.

La Función de Auditoría, beneficia principalmente a:

- Accionistas de la empresa.
- Clientes.
- Trabajadores y colaboradores.
- Terceros, como gobierno, proveedores y comunidad.

F19. ESTRATEGIAS DE DESARROLLO HUMANO

F19.1. Reconocimiento de Logros de Confiabilidad

Se requiere reconocer objetivamente los aciertos verdaderos y a las personas Confiables, haciendo que participen más y con mayor responsabilidad, mérito y compensación, para que conduzcan las tareas más demandantes y difíciles. En un determinado problema y su solución, en un determinado proyecto o tarea, la persona Confiable es más valiosa y contributaria, entonces, ¿por qué no la distinguen y la motivan?

Existe una mala práctica y cultura: esconder los méritos de algunos colaboradores, por parte de los jefes acomplejados, que hacen mucho daño. El objeto es, que los que no tienen mérito, se sientan a gusto al no ser comparados y no se vayan a traumar. Principalmente, el jefe que siente que podría ser desplazado por alguna de las personas muy Confiables. Se ha llegado a un abuso con esta práctica de inspiración comunista y maquiavélica; desmotiva a los que tienen mérito, incurriendo en una cultura de mediocridad y fomento a las incapacidades, a la comodidad y al *status quo*; claro, resultando en promover una sociedad sin soluciones correctas y Confiables a los problemas, ni progreso sustancial.

El costo de oportunidad que se incurre por esto es enorme. Lo que se deja de hacer, por una cultura de mediocridad y burocracia, las oportunidades que se dejan de atender y que ni siquiera se ven, o bien, por seguir direcciones que no conducen a las verdaderas soluciones que causan más problemas, cuando se deja de aprovechar talento Confiable, y se pone, en los puestos importantes, a jefes No Confiables.

Otra práctica muy equivocada, es no promover la búsqueda de oportunidades de mejora, la identificación de problemas y el concurso para solucionarlos.

Otra práctica equivocada, es lo que se dice: el que avanza es mal visto por sus compañeros y se dedican a tumbarlo. Hay ambientes donde es la práctica normal.

Otra práctica muy equivocada, es no promover a los que tengan logros Confiables, porque ya no hay lugar, ya que, todos los puestos están ocupados; o sea, el que llega a un puesto, aunque haga daño, ¿tiene preferencia sobre el que puede mejorar a todos?

Cuando se trata, específicamente, encontrar soluciones, sobre todo a problemas difíciles, es cuando hay que acudir con las personas más capaces y Confiables. En los últimos veinte años, se ha sentido una gran desmotivación de los jóvenes por ser expertos, ser Altamente Confiables, esforzados, especializados, útiles a los demás por ser campeones.

Una posible causa de esta desmotivación es una educación recibida, de que *sólo tenemos una vida y que hay que disfrutarla*, segundo a segundo, en algo de gusto personal, no de andar sirviendo a otros ni ser subordinado. Ser Director General de la vida propia, con base a poca experiencia, altos gustos y deseos. Pobre y equivocada educación, pues les está escondiendo la parte de la vida más rica, la que empieza o contiene algunas cosas que no gustan a la primera, pero si las dominas, las terminas apreciando y apasionándote de ellas, por el gran impacto que tienen en ti al superarte.

La calidad de ser experto y Confiable no se muestra con la arrogancia ni presunciones imprudentes, se muestra con hechos en la práctica y con buen espíritu humilde, de ayudar a los demás a subir escalones en la perfección de algo que valga la pena. Cuando se muestra arrogancia, se disminuye la objetividad, la sencillez, y afecta negativamente en la Confiabilidad.

El que opina más, debe ser el más competente y Confiable en el tema de que se trata, no el que sea más popular o más político.

Existe un método que pondera, según la historia de aciertos y Confiabilidad de la persona, el peso de las diferentes opiniones de las personas en un consenso. Esto es más democrático, justo y conveniente para todos, que la igualdad de peso en las opiniones. En un Comité de Doctores estudiando una solución, se hace de manera natural esta distinción y ponderación.

En la medicina, en la aviación, en el deporte internacional, en la ciencia y en la industria, sí se pondera la Confiabilidad y se reconoce a las personas Confiables, dejando y promoviendo que sobresalgan las más Confiables, y alumbren el camino de los demás. Nunca están ocupados todos los puestos en los sectores que están abiertos a la búsqueda de la mayor Confiabilidad.

Las personas Altamente Confiables reciben su premio más deseado cuando los consultan, les hacen caso, y hay mejores resultados con su intervención. Mejores resultados es un premio mayor que una medalla en una cena o fiesta.

Las personas Confiables saben que todo cuesta, que llegar a donde están ha costado y que, posponer la gratificación, vale la pena.

Las especialidades y los oficios son celosos, de tal manera que, si los dejas de hacer, pierdes destreza y habilidad en ejecutarlos. Te vienen obligaciones y exigencias para mantenerte en un nivel alto, no es de gratis.

Es tan importante la Confiabilidad en lo que se hace ahora, como la Confiabilidad en pensar y acertar qué conviene cambiarse, qué cosas nuevas podrían hacerse para que el resultado se mejore, para que la utilidad a los demás aumente. En eso consiste el *Modelo de Confiabilidad HO*. Ambos talentos deben ser reconocidos.

No es cierto que los Confiables sólo les interesa la medalla, (esto puede ser una crítica maquiavélica) véanlos, obsérvenlos y verán, que lo que sí les interesa es la acción en su oficio, especialidad o profesión, los hechos, la ejecución, volver a actuar y no perder el tiempo recibiendo medallas, que son buenas, pero hasta cierto punto. La mejor satisfacción se obtiene en el ejercicio, en la ejecución, el juego mismo, no en la mesa, fuera de la cancha.

El espacio que existe para hacer mejor las cosas que se hacen, es muy grande, y si encuentras una persona muy Confiable y, además, con potencial para crear valor, haciendo más valioso el producto, el servicio o la relación humana, siempre habrá oportunidad para promoverla adecuadamente. Claro, no demasiado rápido, para no obtener fruto, ni demasiado lento, como para que se eche a perder, pero si da más, siempre es posible promoverlo más.

F19.2. Liderazgo Participativo Socio Técnico

Delegar usando la correspondencia biunívoca: Responsabilidad delegada, por un lado y Competencias, con actitudes buenas, mostradas y comprobadas, por el otro lado. Empoderar con base a Responsabilidad, Competencia y actitud, mostradas y validadas.

F19.3. La Persona Adecuada en el Puesto Correcto

Enriquecer el puesto dentro de ciertos límites, aumentando la responsabilidad junto con el aumento de competencias demostradas. Jugar ese método maravilloso de ir teniendo más responsabilidad, conforme se va demostrando más competencias, más logros realizados en bien del oficio, producto, proceso, cliente y de la empresa. Administración cada vez más participativa en las decisiones técnicas de mejora. La tecnología para producir y entregar el producto, tiene áreas de oportunidad que se pueden ir atendiendo en forma dinámica, delegando, según el avance de dominio del puesto. Casi no hay límite. Siempre hay algo adicional, positivo, que crea valor.

Cuando la persona, además, es líder informal de los compañeros, se cierra el círculo para empoderar, enriquecer el puesto y promover a la persona. Es cuando se hace redondo la persona, pues es hábil en lo técnico y es hábil en lo social. Son personas muy valiosas, tanto para solución de problemas técnicos y ganarse Confiabilidad técnica, como para coordinar sus compañeros sobre bases de dignidad personal y humana.

F19.4. Capacitación Continua en el Oficio

Se requiere de una capacitación, tanto de Autodidacta, así como Formal y de *Coaching* práctico sobre la marcha, en aspectos técnicos del oficio. Identificar los niveles de Principiante, Intermedio, Avanzado y Experto o Maestro, en cada oficio o especialidad. Establecer una Política de Capacitación, dependiendo de la competencia técnica del puesto y las capacidades de dominio sobre el puesto que tiene la gente. Al menos dos semanas al año, dedicarlas a capacitarse con tiempo pagado de la empresa. Estas dos semanas pueden ser en lo técnico, en el *Modelo de Confiabilidad HO*, o en Inteligencia Emocional. Primero, empezando con la capacitación necesaria para el dominio de puesto; luego, en el *Modelo de Confiabilidad*; después, en Inteligencia Emocional; por último, en puestos que forman parte de su carrera en la empresa.

La capacitación debe ser autosustentable. Poder demostrar, que lo que agregó la capacitación, en la práctica del trabajo, fue útil y productiva.

Aplicar el concepto de la cadena Proveedor-Cliente-Usuario, para demostrar que la capacitación es de un proveedor Confiable, que mide los resultados positivos y de satisfacción de sus clientes internos y usuarios. Capacitación que se aplica en el trabajo, que se da seguimiento y que corresponda a sistemas de trabajo adoptados por la empresa. Es muy recomendable utilizar, cuando se pueda, que los expertos internos en alguna especialidad, sean los que den la capacitación a los nuevos.

F19.5. Capacitación Continua en el *Modelo de Confiabilidad HO*

El Modelo de Confiabilidad HO, mostrado en este Capítulo; las derivaciones de talleres, ejercicios y asesorías sobre Confiabilidad, que se desarrollarán; el material, muy rico que ya existe en el mercado... hay mucha literatura, se puede formar un camino de superación continua, casi sin límites, en el desarrollo de la Confiabilidad.

Las herramientas de calidad como *Ley de Pareto* y las bases estadísticas de Control de Calidad, hay que enseñarlas a todos. Estratificación, clasificación, Campana de Gauss, Diagrama de Gant, Diagrama de espina de pescado de Ishikawa, análisis de fallas, planeación operativa, cero accidentes, cero defectos y otros procesos de gestión para la toma de decisiones Confiables, deben enseñarse con la guía del *Modelo de Confiabilidad HO*.

F19.6. Capacitación en Inteligencia Emocional

La Inteligencia Emocional abre los campos ya comentados:

CAMPOS DE INTELIGENCIA EMOCIONAL	PARÁMETROS
ESTABILIDAD EMOCIONAL ANTE LA ADVERSIDAD	Tolerancia a la Presión y Control de Impulsos
DON DE GENTES	Empatía, Asertividad y Relaciones Humanas
INSPIRACIÓN A LOS DEMÁS	Objetividad, Realización Personal con Estabilidad Emocional, Asertividad y Empatía

FELICIDAD Y PLENITUD	Concepto del *True Self*, Conciencia Emocional y Felicidad

Cada persona tiene un diferente avance en su perfil de Inteligencia Emocional.

Primero, hay que conocer ese perfil y para ello, hay una herramienta que se llama *hsei*, que está explicada en el libro: *Cómo Ser más Productivo y Feliz,* de mi autoría. Empezar por medirse los 16 Atributos de la Inteligencia Emocional para hacer un buen diagnóstico y emprender el viaje del fortalecimiento y la superación.

Luego, dependiendo de lo que se quiera lograr, se emprende el camino del desarrollo, con base a los lineamientos que ofrece el libro mencionado.

Se requiere de una capacitación tanto Autodidacta, así como Formal y de *Coaching* práctico sobre la marcha, en el fortalecimiento de la Inteligencia Emocional.

Una base sólida para desarrollar la Inteligencia Emocional es, no personalizar las reacciones humanas de otros. Cuando trates asuntos, no tomar como ataque personal los efectos que ocasiona el quehacer humano individual, en combinación con el quehacer de los demás.

Comprender que hay Conflictos de Interés naturales. Hay roces y hay interacciones humanas, tanto rasposas y espinosas, triviales e inocuas y también agradables y favorables. Estas reacciones positivas y negativas son ocasionadas por terceras personas, pero reaccionando a un asunto sin conocer el todo, sino una pequeña parte de la realidad. Es natural que su reacción sea parcial e incompleta. No tienes por qué tomar sus reacciones con tu perspectiva, sino tienes que entender la perspectiva de ellos, que muchas veces, es muy incompleta. Por lo tanto, hay que darse el permiso de ser muy tolerante. En el ser de verdad (*True Self*) no hay culpables, sino sólo causas que ocasionan efectos, a veces erróneos, a veces acertados, que impactan en la persona como recurso, solamente, de manera que esos ataques o esas alabanzas no son de esencia, sino accidentales. Tanto los efectos favorables como los hostiles, son tan efímeros y superficiales, que entonces, hay que desapegarse de personalizar, que sólo ocasiona conflictos humanos e improductividad. *Si te tiran basura no te la comas, deséchala.*

F20. ESTRATEGIAS DE MOTIVACIÓN HUMANA

F20.1. Promoción de los Valores y su Aplicación en Cada Puesto

En el *Factor 16: Comunicación Continua de Resultados y de Valores*, se comentó lo importante que es acompañar los números y palabras que hablan de los Resultados financieros, con valores que sustenten la obtención, manejo y destino de esos resultados financieros obtenidos. Deben dar confianza en la Administración que los presenta.

¿Son correctos?, ¿no son de más, ni de menos?, y ¿qué se va a hacer con ellos?, ¿dónde están los beneficios y cómo se aplican?, ¿cuáles son los valores que se tuvieron para conseguir esos resultados?

No son de gratis, ¿verdad?

Honestidad, servicio, tecnología, trabajo dedicado, especialización, trabajo de equipo, Confiabilidad (ser

Confiable a los demás), empatía, buen trato, buena imagen, ser equitativos, ser institucionales, ser formales, con visión social, alegres y familiares, son ejemplos de valores que, generalmente, se necesitan para trabajar y obtener resultados lícitos que sean motivo de orgullo y satisfacción.

Lo Confiable no es mencionarlos, sino practicarlos, y para eso, hay que ponerlos en palabras de cada colaborador, que se traduzcan en hechos de todos los días, palabras que impliquen acciones en la cotidianeidad de su vida dentro y fuera del trabajo.

Los valores son interiores: se tiene o no se tienen. Si se tienen, se traducen en actos y actitudes. No son de palabras, son de actitudes y de acciones.

Aquí se necesita desplegar el ejercicio de escoger algunos valores que conviene profesar juntos para cosechar buenos resultados en conjunto.

Los valores sirven para ayudar a decir cómo se consiguieron los buenos resultados, cómo hay que trabajar para obtener buenos resultados, puesto que no son cualquier tipo de resultados que te den dinero; eso no es, obtener dinero a como sea. Los valores, también te ayudan a saber, cómo distribuir el beneficio de esos resultados.

Hay que hacer vivir esos valores en cada puesto, en cada persona, en cada departamento de la organización.

Se hace, primero, un set de valores; luego, se va consensando entre la gente, hasta llegar a una descripción de valores que les haga sentido a los que participaron en este ejercicio. Entre más participantes, mejor.

Luego, hay que escribir frases representativas de esos valores; posteriormente, hacer seguimiento para practicarlos y reconocerlos. Es bueno que se reconozca a las personas que mejor los representen en forma vivencial, y que se haga un reconocimiento público para verlos en carne y hueso. Dejar en claro el valor y el mérito por internalizar el valor.

Creación de un Ambiente Humano, Social, Positivo e Incluyente, de Respeto y Colaboración

En muchos países, hay un ingrediente genético de relaciones humanas sociales muy cálidas, que mucho se demuestra al tratar a visitantes con ese calor humano de amistad, de fiestas sociales de convivencia de todas las edades.

Esta bonita interacción humana hay que propiciarla dentro de los límites de Confiabilidad. Ayudar a otros, convivir sanamente, platicar, cantar y bailar, cuando no hay exceso de alcohol, generalmente, es muy motivante y caluroso.

También, cuando se trate de fomentar el deporte, es importante cuidar el control de impulsos para evitar pleitos en el juego, es conveniente anticiparse con buenas reglas. Con estos controles, la convivencia social es muy rica.

Muchas veces, vale más ofrecer eventos deportivos y familiares, que pagarles su costo equivalente en salario, dado que, con ese salario, no podría tener estos beneficios. Lo ideal, como lo han hecho algunas grandes empresas, es tener o asociarse con un centro recreativo familiar. De acuerdo a las posibilidades de la empresa, el tamaño puede ser modesto, pero muy conveniente.

En el caso de los gobiernos, son importantes los parques de recreación ciudadana y vecinal que siempre enseñan esta magnífica cultura de sana convivencia social, donde las relaciones humanas fluyen con educación, civismo y diversión, conviviendo entre gente de diferentes edades. Al hablar de incluyente, se ha olvidado que la convivencia entre diferentes edades y generaciones es muy importante. Los niños conviviendo con adultos, enseñan esos ciclos de vida naturales, de tal forma que, los niños, se van dando cuenta de cómo son los diferentes tipos de adultos, se van identificando y pueden platicar, libre y Confiablemente con ellos.

F20.2. Promoción y Cuidado de la Salud Física y Emocional

En algunos países desarrollados, existen normas donde se habla del cuidado de la gente en su integridad física, salud y desgaste emocional.

Los capítulos a los que se refiere, contienen puntos muy dignos de cuidarse. Ser Confiable, es una característica que ayuda mucho a ejercer correctamente estas normas.

Hablan principalmente de lo siguiente:

- En caso de accidentes traumáticos, dar ayuda psicológica.
- En caso de desgaste emocional, atenderlos para evitar consecuencias mayores.
- Organizar bien las funciones y tareas, para evitar una incertidumbre enfermiza.
- Tener un clima laboral favorable a la gente.
- Encuesta a la gente, para ver sus insatisfacciones y corregirlas en conjunto.
- Evitar accidentes laborales.
- Evitar el acoso sexual, laboral y de cualquier otra clase. Si sucede, investigarlo y sancionarlo de acuerdo a la ley.
- Evitar agresiones, uso de drogas y estupefacientes.

F20.3. Desarrollo de los Fines del Trabajo

Tú como recurso, para dar un servicio a otros, sabes en el fondo de tu mente y de tu corazón, que tú juegas un rol de servicio a los demás, a cambio de algo para ti y para tu familia. Dar y Recibir. En el corto y en el largo plazo.

¿Cuál es el fin de tu trabajo?

¿Tú qué te llevas en este juego del trabajo?

Sacrificio para servir más. Está bien, pero tiene sus límites y su correcta administración, para evitar extremos o excesos perjudiciales ¿Cuál es el fin de tu trabajo?

Ser el cliente de otros, muy bien, pero a cambio de qué.

En el *Capítulo III*, dejamos muy claro, que el fin de la Confiabilidad, es el beneficio del bienestar tuyo, de tu familia y de la gente con quienes convives; finalmente tu ciudad, tu estado, tu país.

Seguir este *Modelo de Confiabilidad HO*, debe, primero, engranar con el bienestar propio en cuanto a salud, fortalezas personales, energía y motivación para vivir. No se puede dar lo que no tienes. Si tienes bienestar, puedes dar, tanto para ti mismo como para otros. Si no tienes bienestar, si estás enfermo, estás muy limitado para dar.

Después de tu bienestar, normalmente, sigue el bienestar de tu familia, pareja, padres, hijos y la educación de tus hijos.

Integración familiar y balance trabajo-familia, en sus diferentes maneras de lograrlo, es una función clave del *Modelo de Confiabilidad HO*. Cerrar el ciclo, cerrar la pinza.

El otro fin importante, es prepararte para una vejez digna, rica en salud, rica en poder ser autosuficiente y dejar buena huella en este mundo.

Fomenta el ahorro junto con la austeridad, o sea, gasto racional, con criterios de costo beneficio y de costo de oportunidad.

No es cierto que el dinero es para gastarse, el dinero es para capitalizarse, viviendo sana y dignamente con bienestar. Gasta lo necesario, ahorra lo suficiente, e invierte lo que puedas para cosechar en ese futuro próximo, que se conoce como posponer la gratificación, característica de la gente Confiable y exitosa.

Se dice que la edad más feliz es de 60 a 70 años, normalmente; claro, más feliz, para los que pueden seguir sembrando, divirtiéndose y a la vez, cosechando lo sembrado, lo ahorrado, lo invertido durante su vida de trabajo activo. Esto es tener bienestar y capitalizar.

Es como ese reloj Patek Philipe, que se anuncia como una compra que no es para ti, sino para tus herederos, pero tú lo disfrutas. Así es tu patrimonio, tú lo disfrutas y lo que sobre, lo heredas, pero después de usarlo. Para eso, hay que construirlo con trabajo.

Trabaja para vivir mejor, familiar y socialmente.

Dios, Familia, Trabajo, Ahorro, Recreación, Amigos, Confiabilidad, Bienestar. No se necesita más. Lo demás es superfluo, es descapitalizarse. Escoge lo que verdaderamente es importante y esencial. Si confundes lo que es meramente accidental, superfluo, con lo que es esencial, te metes en un seudo-satisfactor insaciable, que te quita bienestar en vez de dártelo.

Planea que tu vejez sea muy digna, divertida y suficientemente fortalecida.

También, se recomienda reconocer la antigüedad en la empresa, y fomentar la socialización con compañeros de alta antigüedad en la empresa.

F20.4. Ambiente de Equidad y Trascendencia

Varias civilizaciones, como la india, la judía, la española y la mexicana, coinciden con culturas indígenas, en pensar que la muerte nos depara más vida, ciertamente, relacionada de alguna manera y consecuente con lo que hayas vivido aquí en la tierra.

Unos hablan de reencarnación, que es más vida, y otros de vida espiritual.

Los que así piensan, pretenden capitalizar esta vida, en lograr algo bueno o más satisfactorio en la otra vida, la de después de la muerte.

La forma más común, es pretender conectarse, para ayudar, de alguna forma, a la gente que amas.

La principal consecuencia de esta manera de pensar, de continuidad de la vida después de la muerte, es pretender que haya una comunicación, una conexión con los seres conocidos y los seres amados en esta vida.

Brinda a nuestra parte espiritual y nuestra parte social un estímulo motivacional muy poderoso.

Poder continuar unas relaciones humanas más maduras y plenas con nuestros semejantes.

Reconocer la antigüedad de las personas en la empresa y reconocer a los antepasados amados, es algo que da motivación y esperanza muy humana.

Tener un evento al año, donde se reconozca este tipo de igualdad suprema y verdadera es motivante para todos.

Todos vamos a morir, igual que nuestros antepasados murieron y nuestros hijos que ahora viven. En Japón, hay un reconocimiento por los adultos de la tercera edad muy fuerte, porque los preparan desde chicos para eso. Estoy seguro de que, en países latinoamericanos, podría tener muy buena aceptación una cultura de planear la vejez y de cuidar a los viejos, porque para poder ser venerado de viejo, necesitas demostrar durante tu vida, ser una buena persona con los que te rodean. Entonces, la visión de largo plazo es muy útil en el corto plazo, enriquece tus decisiones de cómo comportarte cada día, al tener esa visión y esa intención. Eso es mejor educación que una clase teórica de escuela. Haría mucho bien una cultura de prepararse para la vejez, ambicionando una vejez saludable.

Finalmente es muy conveniente realizar algunos actos de filantropía con la comunidad, de parte de la empresa, invitando a sus trabajadores y colaboradores, convocando, promoviendo libremente y teniendo experiencias ricas en frutos, compartiendo recursos de apoyo, nunca obligando, nunca imponiendo, y eso, provee a la empresa de una Autoridad Moral.

II.3. ADMINISTRACIÓN DEL MODELO DE CONFIABILIDAD HO

Debe haber un responsable del mantenimiento al Modelo, junto con estar encuestando a los usuarios acerca de su satisfacción. De allí resultan adecuaciones y su evolución. Evitar la entropía que a todo se acomoda. El responsable, debe de reportar sus hallazgos y tomar correcciones y soluciones posibles, congruentes con esos hallazgos.

Ser Confiable en países o lugares con altos índices de corrupción, no es fácil lograrlo, pero es necesario para la subsistencia como sociedades.

Estas *Secciones* del *Modelo de Confiabilidad HO*, con 20 *Factores* de la *Sección II.2*, para implementarlo a nivel de un país, es posible lograrlo, en un plazo de dos o tres años, si se promueve de forma extensa. En paralelo, se obtienen Resultados de Productividad, Calidad, Satisfacción Personal y Unión sorprendentes.

El factor de Motivación Humana, con alto ingrediente social, es una necesidad importante de todas las personas. Está demostrado que las personas que viven más años son porque tienen una alta conexión y para ellos es de alto significado tener una relación humana cercana.

Es una palanca para sentar las bases de la Confiabilidad, procurar el bienestar de tus allegados siendo Confiable, logrando que te ganes su confianza.

Confiabilidad por amistad y compañerismo, es ofrecer una ayuda que les sea útil a los demás. Una atención auténtica. Cubrir alguna necesidad.

Este *Modelo de Confiabilidad HO*, acompañado por los talleres y cursos que proporciona el *People Management Institute*, para el mundo empresarial, para el mundo de colegios y universidades, para niños, jóvenes y finalmente, para expertos en Confiabilidad, puede lograr el aumento en Confiabilidad, que haga, que un país, adquiera credibilidad, progreso sostenido y mayor felicidad, basado en el orgullo de sentir: Ser Útil, Productivo, Confiable, Amigable y Ciudadano.

II.4. CONFLICTOS DE INTERÉS

La manera de contrarrestar correctamente, en una sociedad, estos mecanismos, naturales humanos, de favorecerse a sí mismo, por encima de los demás, se llama: CONTROL DE CONFLICTOS DE INTERÉS.

Es un mecanismo humano, pero también social, para hacer valer la verdad y la perspectiva, de que nuestro prójimo, es una extensión de nosotros mismos.

Para lograr Confiabilidad, se requiere liberarnos de Conflictos de Interés.

Para lograr Confiabilidad es preciso decidir solucionar el Conflicto de Interés que, en el caso político, se trata de ser congruente entre seguir teniendo el poder a toda costa, y conseguir la verdad y el bien común a toda costa.

No se pueden las dos al mismo tiempo en muchos temas y situaciones.

Este Conflicto de Interés, se debe a varias causas:

1. Confusión entre, *lo que corresponde actuar por ley, bien hecha y consensada,* contra, *lo que hay que hacer por voluntad del líder.* Entre más falta de leyes, costumbres aprobadas y consensadas, hay, entonces, más espacio para la aplicación de la voluntad del líder.

2. Entre más espacio ocupe la aplicación de la voluntad del líder, por naturaleza humana, este hará lo que le preserve el poder, aunque no sea la mejor solución para todos.

3. Confusión entre lo que corresponde actuar por la ciencia y los expertos, sobre todo en algunas materias muy avanzadas, contra, la voluntad del líder, que no es experto en la materia que está decidiendo.

4. Baja cultura y educación son ingredientes de la no Confiabilidad, de la no congruencia

En la Constitución de los Estados Unidos, se habla de que el poder viene de todos los ciudadanos, iguales, por ser hijos de Dios y, que cuando se designe a un líder o presidente, debe preservarse ese poder superior en los ciudadanos y no en el gobernante. Los derechos de los ciudadanos son connaturales a los individuos, y los ciudadanos, deciden organizarse para la administración pública, acotando muy bien al gobierno.

Los ciudadanos no deben esperar que les resuelva todo el gobierno, sino al contrario, que le sale muchas veces peor y más caro, depender del gobierno, ya que, cuando el gobierno interviene, se politiza, se burocratiza y se pierde la sensibilidad local, además de que resulta más cara la solución del gobierno. Esto, desarrolla en los ciudadanos, una actitud, de que es mejor que lo hagamos nosotros mismos, y sólo acudir al gobierno, en cosas esenciales de administración pública. Eso hace a los ciudadanos mejores y más capaces y, por ello, un mejor país. Esto, hace que los ciudadanos se preocupen por resolver sus asuntos, sin ayuda, colaborando y contribuyendo, para no depender del gobierno.

Es más Confiable resolver los problemas directamente y no depender del centro, que está lejos del problema, cuando ni lo conocen bien. Esto aumenta la eficiencia y la Confiabilidad.

Si está en la naturaleza humana, el tratar de preservar y aumentar el poder del líder, entonces, lo único correcto, es acotar bien la autoridad y el poder del gobernante, como lo hace la *Constitución de Estados Unidos,* y eso, aumenta la Confiabilidad del país. Si se deja a la voluntad del gobernante, va a producir resultados contrarios a la Confiabilidad.

- ¿Qué es lo que pasa, socialmente, cuando hay Conflicto, entre la verdad sentida y las costumbres de falta de objetividad?

    - *El grupo mete presión por conservar las costumbres. Es muy probable que ganen las costumbres sobre la evidencia de la objetividad. Muchas veces se prefiere el status quo, a la verdad sentida.*

- ¿Qué es lo que pasa, socialmente, cuando hay Conflicto, entre la verdad sentida y la voluntad del líder?

    - *Generalmente, el líder se rodea de gente leal a él o ella, y esa gente únicamente le comunica lo que el líder quiere oír. Entonces, la verdad sentida de la gente no se considera.*

Un efecto secundario muy grave, que se transmite como el cáncer, es que, los buenos, los exitosos, los que tienen logros, los que tienen méritos por su contribución al desarrollo y el progreso, los que han hecho capital por sí mismos, son criticados y, en algunas ocasiones, satanizados por culturas de baja Confiabilidad.

No hay más que dos opciones: o buscas el consenso para un bien común, que no te da poder de fuerza, sino sólo poder moral, o te vas por otros posibles caminos, para vencer, por la fuerza, a los demás.

Las consecuencias son muy distintas dependiendo de cuál camino haya escogido la sociedad.

Obviamente, en muchos países, sólo vale la opción de combatir con la fuerza y con guerra a bandos opuestos.

Obviamente, en el pasado, la adquisición del poder central se hacía mediante guerras, y el que triunfara en la guerra, se quedaba con el poder.

Después, se transformó en guerras de facciones, pero guerras y muertes, al fin y al cabo, aunque más selectivas.

En los países que se puede hacer una política centrada, en el consenso, tienen que tener al menos 3 reglas operantes:

1. Un gobierno central sin privilegios mayores.

2. Reglas de competencia, de calidad y paz, para nombrar al presidente, donde la razón, la competencia y la paz se garanticen.

3. Un gobierno acotado por la sociedad y por su limitación en la intervención de poder.

Y no hay que olvidar que, en varios pueblos indígenas, hay el poder central, sin guerras internas, como en el caso de los Tarahumaras (Rarámuris) en México, que reúnen las 3 reglas operantes, mencionadas en el párrafo anterior. Claro, en esa cultura, no hay mucho qué tener de privilegios superiores, pues todos viven muy austeramente. No quiero decir que esta característica de pasividad, en el crecimiento de satisfactores, sea una condición básica y requerida en el *Modelo* que estoy proponiendo de Alta Confiabilidad. Son dos culturas diferentes, y en ambas culturas, se puede ser de Alta Confiabilidad, respetando su filosofía de vida.

Los principales Conflictos de Interés que se suscitan, son en los siguientes temas:

- Dinero y acuerdos de dinero, entre socios y en el marco legal.

- Dinero y acuerdos de dinero, entre empresa y empleados, entre jefes y colaboradores, con colegas, clientes, proveedores, terceros.

- Decisiones de nombramientos en puestos u otorgamiento de poderes de la empresa.

- Información contable o de gestión, Confiable o No Confiable.

- Relaciones Humanas con imparcialidad o falta de imparcialidad de juicio.

- Secrecía en materia de tecnología, de relaciones humanas, de información delicada, de información reservada, de incapacidades y enfermedades, de información confidencial, de información privada.

- Confusión de roles entre: ser responsable directo o ser responsable indirecto o no ser responsable.

Las principales causas de Conflicto de Interés son las siguientes:

- Beneficio o perjuicio económico personal.

- Beneficio o perjuicio económico familiar.

- Beneficio o perjuicio de fama o de buena imagen personal.

- Beneficios o perjuicios de fama o de imagen familiar.

- Beneficio o perjuicio de favorecerse por descubrir información confidencial y delicada.

- Beneficio por apegos y preferencias humanas, ya sea por razones de sexo, familiaridad, fraternidad, odio, antecedentes conflictivos, intereses contrarios a la empresa y a la dignidad de las personas, que vulneren la capacidad de decidir de un jefe, que debe de velar por los intereses de la empresa, y de las políticas y leyes en vigor.

Soluciones para un mejor control y mitigación de Conflictos de Interés, o sea, para evitar responsabilidades propias, mal hechas, echando culpas a otros, y evitar cualquier vulnerabilidad por razones afectivas o familiares, sexuales, o fraternales, son las siguientes:

1. Estructura correcta de roles bien organizados.
2. Código de Ética en vigor y políticas y reglamentos de Control de Conflictos de Interés.
3. Auditoría y control interno.
4. Auditora externa.
5. Buzón de quejas y denuncias, manejado con excelente confidencialidad y eficacia.
6. Investigación exhaustiva, en casos de siniestros o malversación.
7. Liderazgo ejemplar que origine un buen clima laboral, con líderes formales e informales, acondicionados y entrenados en Confiabilidad.
8. Mecanismos de observación con alta tecnología.
9. Reforzamientos positivos para premiar la Confiabilidad y reforzamiento de sanciones para castigar la falta de Confiabilidad.
10. Formación de Valores, con traducción específica en cada área de especialidad.

II.5. EXPLICACIONES COMPLEMENTARIAS AL MODELO

1. ¿PARA QUÉ CONVIENE QUE SEAMOS CONFIABLES?

En asuntos de alta dificultad y complejidad, el método correcto no es la democracia popular igualitaria del voto universal, sino que la naturaleza humana va descubriendo quién es la persona que debe ayudar y colaborar más, dependiendo del tema que se trate.

Si en un asunto técnico de alta complejidad, lo tratan de resolver con amigos que no dominan el tema, pero son fieles; o con personas que manejan dogmas de ideología social y filosófica, que no resuelven el tema, pero manipulan con teorías y política; o con técnicos que no alcanzan a traducir sus soluciones técnicas a terreno entendible por sus clientes y sus usuarios, que son técnicos teóricos: pues los tres enfoques, los tres casos mencionados, son NO CONFIABLES.

No se trata de amiguismos, no se trata de ideología general política, que subordina todo a su tipo de pensamiento, sino que se trata de una contribución apropiada según el tema, según el tipo de problema, aprovechando lo mejor de cada uno. Por tanto, las diferencias en conocimiento, aptitud, actitud y vocación, entre las personas, dan la pauta para la especialización. En este sentido, estas diferencias nos marcan la selección natural, para que cada uno contribuya al alcance de sus posibilidades para beneficiar al conjunto.

El conjunto requiere de muchos temas para salir adelante e ir construyendo una vida mejor, igual que cada persona, pues nos enfrentamos a lo siguiente: nacer, curarse de enfermedades, salvarse de accidentes y ataques no deseados; comer, beber, dormir, descansar, socializar, hacer deporte y distracción, cultura y arte; educarse, casarse, transportarse, crear conocimientos nuevos, crear soluciones para la vida, tener satisfactores, reproducirse, crecer y trascender.

Sabiduría, libertad, creatividad positiva y servir a los demás, es la única manera de enfrentar y salir adelante con estos retos.

Para esto, se requiere de una democracia centrada en Valores, en méritos reconocidos de influencia positiva en los demás y, la manera de realizarlo, es que los ciudadanos seamos Confiables en lo que nos especialicemos, en nuestra vida y nuestra interacción con los demás.

La vida real debe ser aluzada por las personas que sean más Confiables y no por activistas resentidos contra la sociedad, centrados en su caso de víctima. La sociedad paga un precio muy alto de autodestrucción, cuando el líder intenta aluzar siendo una víctima. Los Confiables no se centran en su propio caso, se centran en una solución para todos y para que el conjunto viva mejor.

En la vida real todos sienten lo que es progreso o retroceso, es algo percibido y sentido. Los más Confiables tienen la responsabilidad de buscar una mejoría de largo plazo y también una mejoría de corto plazo que motive.

El más Confiable, está irremediablemente condenado a tener éxito en su misión, tarde o temprano, porque se apega con exactitud a lograr lo que ofrece.

El No Confiable, apuesta a que, por casualidad o por tener *disque* la intención buena, va a suceder el éxito: irremediablemente está condenado a fracasar.

Al final del camino, entre los Confiables y los No Confiables, sucede lo siguiente: *Al que tiene más se le dará más y al que tiene menos se le quitará lo poco que tiene.*

El Confiable producirá beneficios sustentables a los demás, porque se mete al mundo de la abundancia, mientras que el No Confiable, producirá resentimientos y entra al mundo de la escasez, para él y para los que le rodean.

2. CONSECUENCIAS DE SER CONFIABLE

- En caso de dudas de los demás, acuden a la persona Confiable.
- No traiciona.
- No decide sin fundamento y experiencia.
- No le tiene miedo a la verdad.
- No miente a propósito.
- Se disculpa cuando se da cuenta de que se equivocó y lamenta las consecuencias negativas, sin importarle, perder cara temporalmente y ayuda a corregir la falta.
- No tiene doble agenda, sino es una sola cara.
- Desconfía de la gente que engaña.
- Tiene aversión al engaño y a la mentira.
- Habla y actúa de lo que sí sabe y está seguro.
- Prefiere decir no sé, cuando no sabe, que improvisar con ocurrencias y apuestas temerarias.

- Está consciente de lo que está seguro, lo que puede ser, lo que no puede ser y del impacto en lo demás.
- Le atina y acierta muchas veces más de lo que falla.
- Proyecta carisma en lo que sí sabe.
- En un ambiente donde los méritos es lo que cuenta, la persona Confiable es seleccionada sobre las no tan Confiables.

3. CONSECUENCIAS DE NO SER CONFIABLE

- La gente que lo conoce no le tiene credibilidad.
- Hay que verificar por otros lados sus apreciaciones y aseveraciones.
- Desconfía de todos, porque él se sabe una persona No Confiable y se proyecta en los demás como No Confiable.
- Traiciona.
- Desconfía de la verdad. Huye de la verdad.
- Se considera mago del engaño y se autocomplace de ser más inteligente que los demás, a quienes engaña.
- Habla y actúa en muchos aspectos (multi-roles) proyectando vender su imagen carismática, para contrarrestar su falta de competencia.
- Prefiere improvisar y ser superficial.
- En sus logros, no tiene tantos aciertos como él dice que tiene.
- Rehúye a los Confiables.
- Tiene doble agenda. Doble cara.

- Tiene aversión por *el detalle del detalle*.
- Fomenta la No Confiabilidad con su ejemplo y sus acciones.
- Contagia la corrupción, dando beneficios de corto plazo a muchos más.
- Es fácil que opte por robar.
- Es fácil que opte por comprar con dinero, aquello que, en circunstancias Confiables, no es lícito comprar.

Tenemos en el mundo y en la naturaleza humana, una lucha entre la Cultura con tendencias de baja o No Confiabilidad, que es la corrupción, la ociosidad y la *cultura gandalla*, contra la Cultura de alta o media Confiabilidad. En algunos campos, gana más una que la otra.

El que no tranza no avanza: es una frase coloquial muy usada en algunas culturas. Representa la cultura de la corrupción y la No Confiabilidad.

Ladrón que roba a ladrón, cien años de perdón: es otra frase que representa la cultura de la No Confiabilidad, justificando el círculo vicioso del robo.

Al cabo que nadie me ve: y deja su huella perjudicial, es otra acción de No Confiabilidad, por ejemplo, la basura.

El que no sufre, no gana; no pain, no gain: representa la cultura de la alta o mediana Confiabilidad.

El que no trabaja, que no coma: es una frase de la biblia que se vive en la cultura judía, que también, representa la cultura de la alta o mediana Confiabilidad, en forma natural y obligatoria.

El que no vive para servir, no sirve para vivir: frase atribuida a Rabindranath Tagore, muestra esa correspondencia entre dar y recibir, como el ying y el yang oriental, que encierra el concepto de vida. La vida es movimiento, surge de la interacción continua entre 2 polos, así como la electricidad se origina por el intercambio del polo positivo de carga, con el negativo; así pasa con los 2 polos de vida, uno, vivir para sí mismo, y otro, vivir para los demás, donde ambos, son necesarios para dar vida.

A Dios rogando, pero con el mazo dando: frase que muestra que, aunque dependas del Todopoderoso, hay aspectos de la vida que dependen sólo de ti. Sólo de ti y de tu voluntad, de tu esfuerzo y de tu aprendizaje. A ti te toca. Hay que darle duro con el Mazo.

Es imperativo que en el siglo XXI se ponga seriamente en la mesa de la sociedad y de todos los países acabar con la corrupción que daña a todos.

La inquietud social sobre la corrupción debe verse como una oportunidad para trabajar seriamente en aumentar la Confiabilidad y la colaboración honesta y competente.

Recuerdo, cuando viajé a Japón, cómo la agencia de viajes trabajaba en conjunto con los hoteles, de tal manera que los equipajes de los visitantes, las horas de llegada y de salida, se manejaban por ambos y entre los diferentes hoteles, con una magnífica coordinación voluntaria entre ellos, quitando trabajo y molestias al viajero. Esto se logra con el *Modelo de Calidad*, no porque hay una ley central y un organismo central dependiendo del gobierno, sino por la educación en un *Modelo de Confiabilidad*. Tenemos todo abierto para hacerlo posible en otras sociedades.

4. GRADOS DE CONFIABILIDAD

La idea es preparar gente para que se convierta en peritos de la evaluación de la Confiabilidad, tanto para personas como para empresas.

Esta sección, está dedicada a ellos, para entrenarlos y darles bases y herramientas para la medición de la Confiabilidad, usando cada factor del *Modelo,* y después, una ponderación para llegar a resultados globales de Confiabilidad, que den un diagnóstico de dónde hay que trabajar para aumentar la Confiabilidad.

Escala para establecer grados de Confiabilidad y criterios para definir cada grado y su fundamentación:

- 0 A 5 POSITIVOS ARRIBA DEL CERO.
- 0 A 5 NEGATIVOS ABAJO DEL CERO.

Tiene que ver con resultados. Resultados en los diferentes tiempos, eventos o situaciones que se presenten. Resultados acertados y no acertados.

Generalmente hay una alta correlación entre alto dominio en el oficio, o sea, grado de profundidad alcanzado (que ya se vio en la Sección II.2 del *Modelo de Confiabilidad HO*) y el alto nivel de resultados en las diferentes evaluaciones de Confiabilidad. Se trata de crear el hábito de ser Confiable.

Vamos a establecer y calificar ciertos Grados de Confiabilidad, para emprender el viaje a la mejora de la Confiabilidad misma.

- La Primer regla es establecer un propósito para la medición de Confiabilidad, que sea precisamente para *su mejora*, de manera colaborativa y transparente, y nunca para la crítica destructiva.

- La Segunda regla es definir en qué campo, oficio, rol, o especialidad, es donde se va a calificar la Confiabilidad.

- La Tercera regla es definir el alcance de personas o conjuntos de personas (grupo o departamento) que van a ser calificadas.

- La Cuarta regla es definir a los calificadores: clientes, usuarios, representante calificado del público, juez, *coach*.

- La Quinta regla es establecer un *Time Framework*, o sea, un horizonte de tiempo pasado, que abarca la calificación y un período de vigencia de la calificación, hacia adelante.

Los extremos de la escala son más fáciles de definir.

El **+5** es para los mayores exponentes reconocidos en el Mundo, en esa especialidad, oficio o rol.

El **-5** es para gente también reconocida que seguramente está en la cárcel o ya murió, pero está condenado por la sociedad y es ejemplo mundial de NO Confiable, en determinado oficio o rol. Digamos, Hitler, Stalin y Lenin, que ya fueron juzgados por la historia en su papel de dirigentes políticos. Casualmente, uno de ellos, en un extremo de la derecha insensible y sanguinaria; los otros dos, en un extremo de la izquierda, disque predicando la igualdad, pero siendo asesina.

El **+4, +3, +2, +1,** es para los siguientes, en este orden:

+4 Experto y Maestro de ese oficio o campo, ya reconocido o certificado.

+3 Persona avanzada, con muchas Horas de Vuelo de Práctica y de buenos resultados en su oficio o rol, que ya lo hace en forma natural y lo ha aplicado en diferentes lugares, ubicaciones, estados o grupos diferentes en países.

+2 Persona que está en segundo nivel, empezando a escalar la parte de la curva de aprendizaje más pronunciada, la de mayores dificultades, por un lado, pero de las satisfacciones y resultados de estiramiento personal para alcanzar mayores objetivos en su campo, así como de reconocimiento de los demás, por el otro lado.

+1 Persona que declara que es principiante, pero que ya pasó el período de prueba para demostrar voluntad, vocación, compromiso y potencial de poder seguir mejorando.

0 Cero es la línea que separa entre ser recto y ser *chueco*; entre ser respetuoso de las leyes, buenas costumbres y evadirlas, ser delincuente y causar daño a los demás; entre vivir con apego a la verdad objetiva y vivir en la mentira continua. En el cero, se encuentran los bebitos y niños, antes del uso de razón o personas con alguna discapacidad de conocimiento grave que afecta la conciencia.

-1 Persona que ya tiene una historia de no ser Confiable, por eventos conocidos y comprobables, pero que existe un motivo importante para no volver a ser negativo, tiene la buena intención y propósito de mejorar en los siguientes 12 meses, sujeto a comprobación.

-2 Persona que tiene una historia de no ser Confiable en grados mayores de desviación en el oficio en cuestión. Se tiene dudas acerca de si hay motivos de peso para poder mejorar drásticamente en su Confiabilidad.

-3 Persona que tiene una historia de no ser Confiable en grado mayor de desviación en el oficio en cuestión. Además, no ha convencido de su decisión de mejorar su Confiabilidad.

-4 Persona que ha demostrado su falta de Confiabilidad en casos graves, que ha lastimado a la sociedad y no muestra arrepentimiento, sino muestra ese sentido de no importa, o ese sentido de desprecio por su oficio, sus clientes y usuarios.

El viaje para ser más Confiable puede empezar por el **-1**, quizás por el **-2**, cuando hay mucha disposición, entrenamiento y control de la mejora que lo rodee y lo controle, e irlo llevando hasta el **+5**.

El que no es Confiable, en su principal oficio, o el que tenga un oficio que es de naturaleza No Confiable, es muy probable que no sea Confiable en su vida personal.

Los oficios, especialidades o roles en los que se califica a una persona, conviene que sean algunos de vida personal y otros de vida laboral.

De vida personal hay 3 tipos muy importantes:

1. Padre, madre, hijo, hija.
2. Ciudadano.
3. Un quehacer no laboral.

De vida Laboral hay 3 tipos muy importantes:

1. El de la propia profesión como oficio.
2. El del quehacer laboral, como profesional de lo que haces.

3. El de la empresa y/o departamento en el que te desenvuelves.

De las Empresas:

1. Empresas de manufactura.
2. Empresas comerciales.
3. Empresas de la construcción.
4. Bancos y negocios financieros.
5. De servicios.
6. De servicio público.
7. De entidades de gobierno.

Es posible, que se vea muy complejo e invasivo este grado de Confiabilidad, pero la verdad, es que puede ser implícito o explícito. Si no es explícito, estén seguros de que sus clientes, jefes, hijos, pareja, vecinos, califican sin escribirlo y tú tienes la calificación implícita de ellos.

Es por eso, que hacer ejercicios, ya sea internos, consigo mismo o abiertos, son muy convenientes. Sólo lo que se mide, se puede mejorar. Recuerden que los deportistas, los músicos, los concertistas, los médicos, los pilotos, los operarios de plantas de producción bien administradas, los Directores Generales de empresas bien administradas, siempre son calificados y evaluados, tanto en cada día, semana, mes, o en cada evento trascendente y la tendencia histórica que llevan, y es mejor sentirlo abierta y formalmente objetivo, que por debajo del agua, en lo opaco y subjetivo, sin decirlo, usándolo en forma manipulativa.

Es urgente hacer lo necesario para establecer medidas de desempeño Confiable, en las áreas políticas y de administración pública, pues han adolecido de tener este tipo de administración del siglo XXI.

5. CADENA DE ESLABONES QUE HAY QUE CUBRIR, PARA SER UNA ORGANIZACIÓN CONFIABLE

1. Compromiso y Perfil de Confiabilidad de sus dirigentes.
2. Definición de Estructura Organizacional, Políticas de Organización y de Administración.
3. Orientación al Cliente.
4. Orientación a la Gente que trabaja en la empresa.
5. Control de Calidad y Comprobación.
6. Control de Procesos y Certificaciones.
7. Relaciones con Proveedores.
8. Resultados y Valores.
9. Auditoría.
10. Imagen Corporativa.

6. ORGANIZACIÓN PARA AUMENTAR LA CONFIABILIDAD DE LA EMPRESA

En la *Sección II.2 de* este *Capítulo*, se especificaron todos los conceptos funcionales que se aconsejan adoptar e implementar, para que la ejecución de las actividades, en una empresa, institución u organización sean Confiables: *Modelo de Confiabilidad HO*.

Estos conceptos también se pueden enfocar a oficios, instituciones de servicio o de gobierno. Hago una síntesis, a manera de *check list*, para dar guía de cómo organizarse para poder implementar el *Modelo de Confiabilidad HO*.

1. Que el líder tome la bandera de ser Confiables y la promueva oficialmente, comunicándola, tanto institucional como personalmente, sobre todo, dando el ejemplo.

2. Que se tenga una plataforma de lecturas y foros para concientizar y que aprendan sobre Confiabilidad, los porqués y sus beneficios.

3. Que se tenga una persona o un departamento (si la empresa es grande), que sea el responsable de promover, desarrollar, conducir, mediante un plan específico, los diferentes pasos a transitar para implementar el *Modelo de Confiabilidad HO*.

4. Los módulos mínimos que se recomienda tener, para implementar el *Modelo de Confiabilidad HO*, son los siguientes:

    4.1. Mejoramiento de la satisfacción del cliente.

    4.2. Medición y mejora de la Confiabilidad en productos y servicios.

    4.3. Detección de áreas de oportunidad y mejoramiento de Confiabilidad de los procesos.

    4.4. Aseguramiento de la Confiabilidad de proveedores e insumos.

    4.5. Políticas y Auditoria de Políticas de Administración y Control Interno, incluyendo Control de Conflictos de Interés.

    4.6. Entrenamiento y desarrollo del Talento en el Modelo de Confiabilidad HO y en el oficio mismo *(hard skills)*.

4.7. Comunicación continua, reconocimiento de logros en Confiabilidad y foros de lecciones aprendidas.

4.8. Formación de líderes con los atributos del *Modelo de Confiabilidad HO*.

4.9. Concursos, premios y motivación para la Alta Confiabilidad, extendiendo la promoción a las familias, para propagar los frutos de la Confiabilidad.

4.10. Implantación de Modelos Colaborativos de integración humana y de integración a la empresa.

4.11. Evaluación, selección y promoción de personas altamente contribuyentes a la Confiabilidad.

4.12. Resultados y Evaluación de la rentabilidad costos y beneficios del *Modelo de Confiabilidad HO*.

CAPÍTULO III
FINES DE LA CONFIABILIDAD

El fin de la Confiabilidad es incidir en un bienestar conjunto y, de ser posible, que sea sostenible en el tiempo, bienestar y progreso.

1- BIENESTAR

La Confiabilidad es una manera de ser de las personas que, junto con sus organizaciones y sus sistemas de comunicación y control, ejecutan un trabajo o actividades dirigidas a fines superiores. Esta, es el medio para tener satisfactores de valor para sí mismo y, sobre todo, para otros, a quienes les son útiles y necesarios.

Les decía, en capítulos anteriores, que se trata de lograr Confiabilidad en los casos de interacciones humanas, donde se intercambian bienes y recursos con intención de generar un valor adicional útil y necesario que no se poseía.

Esos satisfactores útiles y necesarios, pueden ser, a la vez, deficientes, malos, regulares, buenos, seguros, inseguros, dudosos o inciertos; la Confiabilidad se encarga de cuidar lo necesario para hacerlos seguros y Confiables para el bienestar humano, comunicando la verdad y protegiendo al cliente y al usuario en su integridad física, instruyendo e informando apropiadamente los alcances de ese bien, producto o servicio.

Esa manera de ser genera confianza a la sociedad que sirves. Es decir, es un distingo de una actividad, un adjetivo: ser Confiable en sus resultados o entregables, y esa confianza se gana dando resultados medibles y comprobables en la percepción de los demás.

Evidencia racional medible, por un lado, y calor humano, amabilidad en el servicio, por el otro lado, son necesarios para lograr esa percepción de los demás, que sea biunívoca, ética, honesta y efectiva, cumplida y medible en lo que se puede medir, de forma tangible y servicial por la parte humana.

Ser Confiable, incluye directamente pensar en el prójimo, es decir, en el cliente y el usuario; en buscar su satisfacción, seguridad e integridad. Esto se demuestra en el entregable (producto o servicio) y en la cadena de interacciones humanas que están detrás de este producto, servicio, gente Confiable en toda la cadena, hasta llegar al cliente final y al usuario.

La Confiabilidad es un acompañante de la persona y de la metodología que se usa para dar un servicio, producto o interacción humana. Proveer confianza es que existan intenciones reales de causar un beneficio al bienestar, evitando efectuar un perjuicio.

Bienestar es estar satisfecho y gozar de buena salud; es tener paz, armonía, equilibrio y, de ser posible, sentirse realizado y feliz.

Según la pirámide de las necesidades humanas de Maslow, al tener satisfacción de las necesidades básicas, llamadas fisiológicas, como salud, alimentación, vivienda y vestido, surgen otras aspiraciones de orden superior, que tienen que ver con satisfacer deseos de realización personal y metas altruistas de servicio a los demás.

No se puede ser una persona, organización o una empresa Confiable, si se incide de manera dolosa y deliberada en ocasionar algo contrario al bienestar. No hay tal cosa de ser Confiable en entregar un servicio o producto que ocasiona daño al bienestar de los demás o de sí mismo: o eres Confiable y eres causa de beneficio, o no eres Confiable porque eres causa de un perjuicio.

De ser posible, debe asegurarse que el satisfactor sea sostenible en el tiempo o, en otras palabras, que ese satisfactor pueda renovarse de alguna manera, resuelva necesidades y que sea valioso en el futuro.

Esto quiere decir que la persona Confiable, como proveedor, piensa en el presente y en el futuro de sus clientes, ya que es empático con estos para logar su bienestar.

Ahora, ser Confiable, desde el punto de vista del cliente, significa que se estimulará la buena producción que hace el proveedor, cumpliendo los acuerdos de pago. Además, es importante, como cliente, comunicar al proveedor su evaluación del producto o servicio, el impacto en la satisfacción y recomendaciones para aumentar la Confiabilidad.

Hay que decir que, además, existen muchos posibles satisfactores para mejorar el bienestar, el nivel y la calidad de vida. La posibilidad de conseguirlos surge de intercambiar información valiosa entre los participantes.

Si queremos generar bienestar, hay que empezar por la búsqueda del bienestar de sí mismo, del prójimo más cercano y, luego, el bienestar de más gente alrededor. Satisfacer estos 3 niveles de alcance social es un gran fin.

2- BIENESTAR DE SÍ MISMO

En el *Capítulo I, Punto 2:* decíamos, sobre la motivación por la verdad, que el cuerpo detecta cuando hay una incongruencia y falta de verdad entre tu intención, tu creencia de fondo, tus pensamientos, tus deseos, tus decisiones, tu comunicación verbal, tu *body language* y tus acciones. Lo que te ocasionas cuando hay alta incongruencia y desviaciones a la verdad no es bienestar. La tensión interna que te ocasionas, sólo te puede generar molestias, enfermedad y, en caso grave, discapacidades físicas, mentales, emocionales o muerte. Entonces, en el tema de ser Confiable, eres tú mismo el primer sujeto de bienestar.

Decíamos en párrafos anteriores, al definir *Bienestar* que, según la pirámide de necesidades de Maslow, existen satisfactores internos superiores que tienen que ver con tu realización personal. Esto es, que la realización personal es causa de un bienestar personal, saludable y generador de energía positiva para vivir y progresar.

Para conseguir una realización personal, se empieza, primero, siendo autosuficiente, tanto en recursos materiales como no materiales, para después, estar en condiciones de poder dar algo valioso que tú ya tienes, y que sea también valioso para tu prójimo.

Dicho lo anterior, podemos asegurar que la Confiabilidad incide directamente en tu bienestar de 3 formas muy poderosas:

1. Evitas enfermedades por ser congruente.

2. Satisfaces una necesidad propia, que resulta en un incremento de tu realización personal y mejor servicio a los demás.

3. Generas reciprocidad; al dar un beneficio a los demás, también te beneficias. El bien que provees se te regresa multiplicado.

3- BIENESTAR DEL PRÓJIMO

Lo único que justifica el instaurarse como un negocio, trabajo, servicio, gobierno, organización o una familia, es que este, tenga deseos legítimos de incidir en el bienestar de los demás y de los miembros o grupos sociales involucrados.

Por lo tanto, cuando se hace un perjuicio a los demás, se pierde la razón de ser del negocio, del trabajo, del servicio, del gobierno, la organización y la familia. Porque, cuando se hace un perjuicio a los otros, motivado para lograr un beneficio propio, se denota la necesidad e importancia de controlar los Conflictos de Interés.

4- BINOMIO BIENESTAR-CONFIABILIDAD

Debemos distinguir 3 características del producto o servicio que le podemos llamar: *el Bien,* en cuanto a la satisfacción o bienestar que le produce al cliente:

1. La **Confiabilidad en el Uso** del Bien, que se refiere a lo que los norteamericanos llaman: *customización*, que implica adaptar el producto al usuario en la medida posible; es decir, personalizar el producto al peso, altura, edad o dimensiones físicas del cliente, por ejemplo.

2. La **Confiabilidad Estructural** del Bien, su constitución o, dicho de otro modo, las propiedades de ese BIEN; su estructura, para que dure en el tiempo y que incluya su facilidad de reparación o mantenimiento.

3. La **Confiabilidad en los procesos** involucrados para producir y proveer el Bien, mediante los cuales fue elaborado o fabricado y entregado. Vamos a llamarle Confiabilidad en la calidad de su origen, producción o fabricación.

Si hacemos una gráfica donde en el eje horizontal de las X, medimos el *Bajo, Medio* o *Alto Bienestar,* y en el eje de las Y, medimos la Confiabilidad en el uso, podemos decir que es el equivalente a sustentabilidad de ese bienestar.

Tenemos lo siguiente:

5- BINOMIO BIENESTAR-USO

BINOMIO BIENESTAR-USO		
Mucho Bienestar y Uso muy adecuado	⟶	Salud y Confiabilidad
Mucho Bienestar y Uso inadecuado	⟶	Salud, desconfianza e incomodidad
Poco Bienestar y Uso muy adecuado	⟶	Malestar y comodidad
Poco Bienestar y Uso inadecuado	⟶	Malestar, desconfianza e incomodidad

6- BINOMIO USO-CALIDAD EN LA ESTRUCTURA DEL BIEN

BINOMIO USO-CALIDAD EN LA ESTRUCTURA DEL BIEN		
Buena adecuación y Estructura	→	Excelencia y Confiabilidad
Buena adecuación y Mala Estructura	→	Satisfacción temporal
Mala adecuación y Buena Estructura	→	Insatisfacción
Mala adecuación y Mala Estructura	→	Insatisfacción y desconfianza

7- BINOMIO USO-CALIDAD EN LOS PROCESOS DE ELABORACIÓN DEL BIEN

BINOMIO USO-CALIDAD EN LOS PROCESOS DE ELABORACIÓN DEL BIEN		
Buena adecuación y Buenos Procesos	→	Excelencia
Buena adecuación y Deficientes Procesos	→	Satisfacción temporal y desconfianza
Mala adecuación y Buenos Procesos	→	Insatisfacción
Mala adecuación y Deficientes Procesos	→	Insatisfacción y desconfianza

8- BIENESTAR-CONFIABILIDAD

BIENESTAR-CONFIABILIDAD		
Alto Bienestar y Alta Confiabilidad	⟶	Alto Bienestar Confiable y permanente
Alto Bienestar y Baja Confiabilidad	⟶	Satisfacción temporal y Desconfianza
Bajo Bienestar y Alta Confiabilidad	⟶	Insatisfacción y Seguridad
Bajo Bienestar y Baja Confiabilidad	⟶	Alta Insatisfacción y alta Desconfianza

El Binomio Bienestar-Confiabilidad, lo podemos ejemplificar en un bien conocido: una casa.

- *Mucho bienestar* y *muy Confiable,* puede ser una casa muy bien construida, en un lugar seguro y que no pierde valor, sino al contrario, lo gana día a día (progreso y satisfacción).

- *Bajo bienestar* y *baja Confiabilidad*, puede ser una choza de madera y con techo de láminas de desperdicio, ubicada en un lugar muy inseguro, con amenazas continuas, que te produce posibles enfermedades y, además, el riesgo de perder la vida (escasos recursos).

- *Alto bienestar* y *Baja Confiabilidad,* puede ser una casa bien construida, con todas las comodidades, junto a un río, que cuando se desborda, puede demoler y arrastrar la casa rápidamente (riqueza sin sustento).

- *Bajo bienestar* y *Alta Confiabilidad*, es una choza tembleque en un lugar muy seguro, tanto de clima favorable como de un alrededor que te protege en sí mismo (escasos recursos y alta seguridad).

Ser Confiable es bastante cercano a darte seguridad.

La Confiabilidad siempre busca tu bien, tu bienestar y el de los demás.

Confiabilidad es darte protección física, intelectual y emocional.

La primera, la protección física, es más tangible y medible que la protección intelectual y la emocional, sin embargo, estas últimas, también son de vital importancia para la vida y el bienestar.

Ser Confiable, es comunicar con honestidad el alcance que tiene el bien, sus posibles consecuencias en el bienestar y, además, cumplir con lo acordado. Hay que juzgar cada caso dependiendo de las circunstancias y recursos disponibles.

De acuerdo con el Binomio de Bienestar-Confiabilidad, cualquiera de los 4 casos mostrados de las casas, podría ser Confiable si se comunica honestamente lo que significa cada una, se advierte de sus posibles consecuencias y, con base a esa información, el prójimo-cliente, decide su compra. Es decir, se puede ser Confiable si se procede desde la verdad, respetando la libertad y voluntad del prójimo, controlando posibles Conflictos de Interés personales.

Cuando lo que entregas como proveedor, excede las expectativas de tu cliente, obtienes una buena marca para tu Confiabilidad, logras posicionarte como una persona Confiable ante los demás.

Cuando lo que entregas como proveedor, no satisface las expectativas de tu cliente, entonces, lo que consigues, es una marca negativa para tu Confiabilidad. ¿Es porque las expectativas de tu cliente eran muy altas e infundadas, pero tu producto o servicio que entregaste es el ofrecido realmente? ¿Es porque lo ofrecido no se cumplió, o se cumplió, pero por debajo de especificaciones? Ambos casos pierden Confiabilidad, pero el segundo caso es peor. Esta consideración y ponderación, es importante sólo en términos explicativos para ti mismo, pues, en ambos casos, hay que recurrir con el cliente para consensar nuevos acuerdos que le faciliten una solución material y emocional.

El ejemplo de las casas es muy aplicable a muchas circunstancias de la vida muy representativas del Binomio Bienestar-Confiabilidad. En seguida muestro una ilustración en las circunstancias de navegar en mar.

Cuando lo que entregas tú como proveedor, es exactamente lo esperado por el cliente, y coincide con lo realmente ofrecido, has dado un trato Confiable y justo.

Por otra parte, si hablamos de *Valor subsidiario del bien*, o *valor subsidiado*, es cuando ofreces el bien por debajo del valor de mercado, ya sea por adecuación al uso o por sus características de duración y garantía, o bien, por los procesos tan Confiables de fabricación.

Un ejemplo de esto es cuando ayudas: das, entregas o apoyas a tu prójimo de manera temporal o parcial, pero de manera Confiable, como parte de enseñar el camino de pescar por sí mismo y de llegar a ser autosuficiente. Es, cuando tienes la intención Confiable, de que tu prójimo aprenda algo para subsistir, para ser mejor, y así, entregarle no sólo unos recursos, sino, además, una educación o guía que le ayude a ser autosuficiente en el futuro.

Ahora, podemos hablar de *Valor solidario del bien*, cuando das algo gratis por razones de caridad o filantrópicas.

Ser solidario con tu prójimo, es cuando entregas, das, o apoyas con la idea de hacerlo incondicionalmente. En casos de niños, hijos, ancianos, personas enfermas o con alguna discapacidad, se aplica mucho el concepto de ser solidarios.

Tenemos el ejemplo de la Madre Teresa de Calcuta; en la política, los casos de Martin Luther King, Nelson Mandela, Gandhi, Abraham Lincoln; lo que dieron fue de un gran valor solidario, de Alta Confiabilidad y alto bienestar.

Para los expertos y peritos en evaluación de la Confiabilidad, vamos a desarrollar las mediciones de Confiabilidad en relación con el bienestar, de la siguiente manera, en base a los *20 Factores* del *Modelo de Confiabilidad HO*:

- Empresas Privadas.
- Personas.
- Colegios.
- Entidades Públicas (Municipios, Estados, Federación).
- Empresas Públicas.
- Organismos descentralizados.
- Organismos sociales.

La idea es medir los factores de Bienestar y medir los factores de Confiabilidad; evaluarlos por peritos y ponderarlos para obtener una calificación final, comparativa en el sector.

En Bienestar: Satisfacción, comodidad, rapidez, gusto personal, salud.

En Confiabilidad: adecuación al uso personalizado, seguridad, garantía, mantenimiento, repuestos, tiempo de respuesta, valor agregado.

Ejemplos de alta Excelencia y Alta Confiabilidad:

- Padres de familia con sus hijos a lo largo de toda la vida; hijos con mucho bienestar, comunicación y dependencia fuerte, primero, al ser menores de edad, y luego, independencia al ser mayores. Al final, es cuando valoran los dos mundos: el de ser tratado como niño y el de ser tratado como más responsable e independiente.

- Instituciones de enseñanza que, a lo largo del tiempo, han sido y siguen siendo exitosas y queridas, como el Tecnológico de Monterrey, por ejemplo.

- Hospitales que existen desde hace mucho tiempo y siguen siendo reconocidos y admirados, como el Hospital Christus Muguerza, de Monterey, y el ABC, de la Ciudad de México.

Hay ejemplos de alto Bienestar y Alta Confiabilidad entre muchos sectores de empresas e instituciones, de muchos productos y servicios, de mayor o menor impacto social; unos Altamente Confiables y otros no tanto.

Lo que yo propongo, es, que los distingamos evaluando y reconociendo bien su impacto, tanto en bienestar como en Confiabilidad.

Si lo hacemos, vamos a promover la cultura de alto Bienestar y Alta Confiabilidad, que a todos nos favorece. A los que no favorece es a los *gandallas* y los que se dedican a irse por el camino corto de la mentira y el engaño para conseguir sus deseos y beneficios personales, que perjudican a los demás.

Existen muchas entidades que han demostrado, por mucho tiempo, su valía en el uso de sus productos, servicios y, sobre todo, en su Confiabilidad, que tienen una historia honesta de servicio y alta satisfacción de los usuarios que los respalde.

Tengo en mente algunas empresas: Caterpillar, Rolex, Sony, Apple, Amazon, HEB, BOEING, General Motors, Disney; muchas familias que llevan educando bien a varias generaciones, en producir bienestar a los demás, siendo Confiables, y que pueden servir de referencias.

En la historia de las empresas, estadísticamente hablando, hay mucha dificultad en la permanencia de las empresas al cambiar de generación; cuando se pasa del fundador a la siguiente generación, hay mucha mortalidad de empresas; cuando se logra trascender a la segunda generación, hay mucha dificultad de que permanezca en la tercera generación. En el traspaso de las generaciones, se reconoce de manera coloquial, como padre trabajador-visionario, hijo trabajador y nieto vividor.

Por eso, algunas de las empresas mencionadas en Alta Confiabilidad, merecen doble reconocimiento por su Confiabilidad y también por su cultura de hacer posible la permanencia.

¿De quién nos sentimos orgullosos en nuestra sociedad por producir alto Bienestar con Alta Confiabilidad?

Algunas empresas podrían darnos muchas agradables sorpresas si evaluamos y descubrimos cómo trabajan por el bien de los demás, produciendo bienestar con Alta Confiabilidad.

Primero, hay que reconocer lo positivo, encender el entusiasmo, y luego, emprender soluciones para superar lo positivo, mejorar lo mediocre y tener fuerza para corregir lo negativo.

Cada empresa, institución y familia, deben medirse en este contexto de producir Bienestar de manera Confiable. Las universidades, deben promover carreras de facilitadores de mejoramiento de Bienestar y Confiabilidad.

Mermar la perdurabilidad de lo Confiable es gravísimo, dado que la confianza se tarda en construir, llega como resultado de *muchas buenas*, pero se pierde muy rápido, con dos o tres malas.

Cuando todo un sector no se ha ganado el reconocimiento de Alta Confiabilidad, se puede asumir, que el país completo en ese sector es deficiente.

Se podrían crear organismos para promover la cultura del Bienestar y la Confiabilidad distinguiendo a los buenos; también se puede aplicar multas a los malos, pero cuando tengas ya un reconocimiento de una Autoridad Moral, cuando ya te hayas ganado la confianza de tus usuarios.

Bienestar y Confiabilidad es el camino, no hay otro. No le den vuelta. No usen *cortacaminos gandallas* que no son sustentables.

El *Modelo de Confiabilidad HO,* tiene como fin, estimular la cultura del Bienestar y la Confiabilidad; no sólo estimular y crear conciencia, eso no sería suficiente, sino dar la solución para el que la quiera. Poner los medios, métodos, asesoría, cursos, *coaching,* clases, reconocimientos.

La época actual lo necesita, pues venimos de una época donde se mal educó a los muchachos a ser *gandallas* y a no estar preocupados por ser Confiables, con toda la carga que esto conlleva, en aras de que *sólo hay una vida y hay que pasarla lo mejor posible*, entendiendo que, lo mejor posible, es haciendo lo menos posible para los demás y viviendo sólo para ti.

La generación que viene, posterior a los *millennials*, por naturaleza humana, tienen conciencia de esto, y hay un potencial enorme para revertir estas tendencias No Confiables, por tendencias de Alta Confiabilidad, si nos dedicamos a ello.

Nos unimos a Jordan Peterson, psicólogo canadiense, que predica revertir estas tendencias con urgencia, y que sostiene la premisa de que: *mayores responsabilidades, desde más chicos, construyen personas más Confiables y felices.*

EPÍLOGO

BIENESTAR, FELICIDAD Y PLENITUD

La ruta de buscar bienestar sustentable para sí mismo y para los demás, con Confiabilidad, es un camino seguro para conseguir Bienestar, Felicidad y Plenitud.

1- ¿A QUÉ VINISTE AL MUNDO?

TESIS DEL LIBRO:

¿A qué viniste al mundo?

A) A conseguir tu placer inmediato siempre.

B) A aprender de la naturaleza y los fenómenos naturales.

C) A convivir con los demás humanos con buenos resultados.

D) A conocer la creación y trascender junto con esa creación.

E) A mal pasarla, sacrificarse y esperar a morir, como mejor solución.

Lo que dice tu *self superficial* es, a conseguir tu placer, esto es el inciso A; lo que dice tu *true self* o *self profundo*, es al B,

C y D; y lo que dice un *self victimizado*, me refiero, a los que se consideran víctimas de todo, es al E.

La tesis de este libro es a conseguir Felicidad y Plenitud.

Felicidad y Plenitud es más amplio, pues incluye los 3 aspectos de la vida, el B el C y el D.

2- RUTA DE CONFIABILIDAD

La ruta de buscar bienestar sustentable para sí mismo y para los demás, con Confiabilidad, es un camino seguro para conseguir felicidad y plenitud, se refiere a la creencia de un *true self* de buscar a los incisos B, C y D.

Ninguno de los 2 extremos, ni el A ni el E, pertenecen a la ruta de buscar el bienestar sustentable, propio y de los demás, de manera Confiable.

Estás compuesto de Mente, Cuerpo y Espíritu. Buscar Felicidad y Plenitud de vida, significa, que Mente, Cuerpo y Espíritu estén en armonía, conjugación y orientación hacia la verdad, la paz y la libertad. Esta orientación se logra mediante un desarrollo bien balanceado de sí mismo que se refleja en tu ser, en tu saber, en tu hacer y en tu tener.

Si tú tienes otra tesis de vida, en donde no crees que la búsqueda de la verdad, la paz y la libertad responsable, son los rumbos que hay que perseguir con los recursos que tienes, que son tu Mente, Cuerpo y Espíritu, pues no habrá comunicación eficiente entre este libro y tú.

Esto es, debido a que la cadena de eslabones de las intenciones, creencias, actitudes, emociones, competencias y acciones, con resultados, debe tener un sustento y una conjugación alrededor de valores superiores.

Si crees en estos valores superiores de verdad, paz y libertad, con sus correspondientes complejidades y ambigüedades, entonces, vale la pena emprender el camino de la Felicidad y Plenitud.

En este camino de la Felicidad y Plenitud, la ruta de buscar el bienestar sustentable propio y de los demás, con Confiabilidad, es recomendable y segura.

El camino con esta ruta es complejo y difícil, pero lleno de satisfacciones.

Es una lucha continua entre tú y tus circunstancias, entre tu *self superficial* y tu *true self* más profundo.

Somos capaces de irnos por lo que dice el *self* y somos capaces de irnos por donde dice el *true self*. Es cuestión de escoger, pues hay la libertad de escoger.

Si escoges la creencia de ser libre, con responsabilidad de tus actos, estás en camino de ser una persona Confiable; es una de las consecuencias. Si escoges la creencia de ser un esclavo dependiente de otros, la consecuencia es que tú no eres responsable y, por lo tanto, No Confiable.

La mente a veces piensa que el mundo es de determinada forma: *como tú quieres que sea*; pero el cuerpo te refleja, verdaderamente, si esa creencia es objetivamente cierta o no. La conexión del cuerpo y la mente con el espíritu te permite señalar las realidades de la vida, aunque a veces, tus deseos las obstaculizan.

La creencia en una vida espiritual es más objetivo que las creencias en que no existe más que lo tangible, la masa, las partículas lo que se ve y se puede tocar. La creencia de que lo intangible precede a lo tangible, es más objetiva que creer que lo tangible se da por sí mismo. Un pensamiento que es intangible genera substancias tangibles como hormonas, por ejemplo. Un pensamiento positivo genera un cierto tipo de substancias y un pensamiento negativo genera otro tipo de substancias en nuestro cuerpo.

A prueba y error, aprendiendo en las experiencias tuyas o de los demás, experimentando en carne ajena y la de nuestros antepasados, te dan un buen norte de cuáles resultados son mejores.

Observa los resultados que tienes en tu vida y tu felicidad si escoges ciertos pensamientos que desarrollas y creces saludablemente; observa los resultados que tienes en tu felicidad si escoges adoptar pensamientos negativos y destructivos de tu cuerpo.

A la gente, al final de cuentas, las conocerás por sus frutos que, precisamente, son sus resultados. Frutos que sirven de ayuda a los demás, son, precisamente, los resultados positivos de la convivencia con los demás, el inciso C.

Bienestar, Felicidad y Plenitud son frutos buscados.

3- BIENESTAR

Bienestar se refiere a que te encuentras con salud, con energía para poder realizar tus actuaciones que quieres hacer en tu vida.

4- FELICIDAD

Felicidad se refiere a estar con paz y con satisfacción interior con tus emociones positivas y, generalmente, ante unas circunstancias favorables que te ocasionan una gran satisfacción.

5- PLENITUD

Plenitud se refiere a que cada momento, cada segundo, independientemente de lo que esté pasando (circunstancias a tu alrededor), la internalización de lo que pase y tu reacción a lo que pase es satisfactoria, es armónica, es entendible por ti, es excelsa, proyecta frutos a los demás, proyecta luz y buena energía.

BIBLIOGRAFÍA

Arizpe, J. F. (2012). *¿Cómo Ser Más Producivo y Feliz?* EUA: Trafford.

Hawkins, D. R. (2004). *El poder contra la fuerza: los determinantes ocultos del comportamiento humano.* EUA: Hay House.

Jordan, M. (1994). *I Can't Accept Not Trying: Michael Jordan on the Pursuit of Excellence.* EUA: Harper San Francisco.

Peterson, J. (2019*). 12 reglas para vivir: Un antídoto al caos.* México: Planeta.

JORGE FARIAS ARIZPE

Tuve la fortuna que, desde muy pequeño, me gustaran muchas cosas de la vida, aprender diversos temas en la escuela, convivir con amigos, el recreo, los deportes, fiestas de mi familia extendida y buenas relaciones con mis papás, hermanos, tíos, abuelos, primos; o sea, conviví con personas de todas las edades, adultos, de mi misma edad y más pequeños que yo. Uso el masculino, pero refiriéndome a hombres y mujeres.

Por un lado, desarrollé temas humanistas de psicología y de historia, por otro lado, de administración y, por otro, de matemáticas, ingeniería y ciencias.

Todos esos temas, siempre fueron acompañados por los deportes, siendo alma mater el básquetbol, tenis, pero junto con beisbol, natación, golf, fútbol, bicicleta, caminata, excursión, artes marciales, equitación, motociclismo y tap.

En el trabajo profesional desarrollé primero algo de ventas y administración de ventas, luego, toda la especialidad de Capital Humano, Planeación y Administración de Negocios, además de manejar negocios e inversiones.

En el mundo del Capital Humano, empecé ofreciendo capacitación técnica a supervisores de mantenimiento, y de allí, a desarrollar todas las especialidades: Administración de Sueldos, Salarios y Compensaciones; Diseño de Estructuras de Organización; Desarrollo Organizacional; Planeación y Desarrollo de Ejecutivos; Calidad Total; Administración Jurídica Laboral; Reclutamiento y Selección en todos los niveles; Seguridad Industrial; Clubes Deportivos y Culturales para trabajadores.

Como especialidades dentro de la consultoría desarrollé Diseño de Estructuras Organizacionales; Planeación y desarrollo de Ejecutivos; Competitividad en base a Organización; Capital Humano y Calidad Total; Sucesión directiva; Desarrollo Organizacional; y Modelos de Gestión en base a Objetivos y Rendición de Cuentas.

Ahora deseo desarrollar la Especialidad de Confiabilidad tanto en las empresas como en las instituciones y personas.

Tuve el privilegio de navegar muchos mares, o sea, en muy diversos sectores del mundo del trabajo y la economía, siendo lo más valioso aprender de tanta gente maravillosa, trabajando.

- De empresas de productos químicos, petroquímicos y plásticos:

  CYDSA, Alfa, TUK, Stabilit, Vitro.

- Del sector metal mecánico, automotriz, bienes de capital:

  HYLSA, IMSA, GIS, CERREY General Motors, Grupo Hermes, Aceromex, Criotec, Mabe, Whirlpool, Proeza, Partes de Turbinas OTM, entre otras.

- Del sector de fabricación de productos para la industria de la Construcción:

  Cemex, Lamosa, Vitromex, Orion, Vitro, ADS Mexicana.

- De fabricación de productos de consumo alimentos y bebidas:

  HERDEZ, Alen, Gamesa, Coca-Cola ARMA, Cuervo, Vitro, FEMSA, Villa de Patos, INFRA, Montana Muebles, Hotel Sheraton, Bebidas Garciarce.

- De Manufactura Textil:

  Bamex, Plasticel, DASA, ARMA.

- De la Banca y Servicios Financieros:

    Bancomer, Probursa, Grupo Financiero Interacciones, Laredo NATIONAL BANK.

- De Comercial, Servicios y Retail:

    Comercial Mexicana, Valores Corporativos, Icon, SEVEN Eleven, FEMSA, Grupo Ley, Aeromexico, Agencias de autos Chevrolet, Mercedes Benz, Motocicletas y Equipos, EMWA.

- De Construcción:

    Internacional de Inversiones, NEST, Dynamica, Abitat, Recsa, Grupo HERMES, Carza, Desarrollos GOSA.

- De Telecomunicación:

    Telcel, Axtel.

- De Educación:

    ITESM, UERRE, UNID, Talisis, EDEC.

- De Salud:

    Hospital Christus Muguerza, Hospitaria, Alivio Capital.

- De Seguros:

    GNP, AER.

- De instituciones sociales y fundaciones:

    Coparmex, CPNL, ANTAD, INFONAVIT, Comunidar, ANSPAC, USEM, LMB.

Como autor, he tenido el gusto de aportar las siguientes publicaciones:

- Dirección de Capital Humano: Énfasis en Perfilamiento y Desarrollo (2006).
- Sé Consciente de tu Ser: Inteligencia Espiritual (2007).

- Dirección de Capital Humano (Trillas, 2011).
- Cómo ser más productivo y feliz (2012).
- El Reto de México: Aumentar la Confiabilidad (2021).

En resumen:

- 4 años de niño.
- 11 años de estudiante con los maristas.
- 5 años de carrera Profesional IMA, en el Tecnológico de Monterrey.
- 20 años en CYDSA.
- 33 años en MGT.
- 4 hijos.
- 2 yernos.
- 1 nuerita.
- 12 nietos.
- 6 hermanos con sus parejas.
- Mi esposa María Esther.
- 3 hijastros con sus parejas.
- Y Muchos amigos, clientes, ahijados y sobrinos.

Gracias a Dios por el privilegio de aprender de tanta gente valiosa.

www.ingramcontent.com/pod-product-compliance
Lightning Source LLC
Chambersburg PA
CBHW031614210526
45464CB00004B/1582